Anne-Kathrin Busé

Einstellungen gegenüber Ausländern bei Grundschulkindern - Eine empirische Untersuchung

D1823333

Anne-Kathrin Busé

Einstellungen gegenüber Ausländern bei Grundschulkindern - Eine empirische Untersuchung

GRIN Verlag

Bibliografische Information der Deutschen Nationalbibliothek: Die Deutsche Bibliothek verzeichnet diese Publikation in der Deutschen Nationalbibliografie; detaillierte bibliografische Daten sind im Internet über http://dnb.d-nb.de/ abrufbar.

1. Auflage 2007
Copyright © 2007 GRIN Verlag
http://www.grin.com/
Druck und Bindung: Books on Demand GmbH, Norderstedt Germany
ISBN 978-3-640-20525-7

HUMBOLDT-UNIVERSITÄT ZU BERLIN
Institut für Erziehungswissenschaften
Abteilung Grundschulpädagogik

Schriftliche Hausarbeit vorgelegt im Rahmen des Bachelorkombinations-

studienganges mit Lehramtsoption im Kernfach Grundschulpädagogik

(Bachelorarbeit)

zum Thema:

„Einstellungen gegenüber Ausländern bei Grundschulkindern –

eine empirische Untersuchung"

vorgelegt von: **Anne-Kathrin Busè**

Kernfach: Grundschulpädagogik, Zweitfach: Englisch

Studienziel: Bachelor of Arts

Berlin, den 17.09.2007

INHALTSVERZEICHNIS

0 Einleitung..1

1 Theoretischer Hintergrund: Fremdenfeindlichkeit in Deutschland.........................3

  1.1 Begriffliche Abgrenzungen...3

    1.1.1 Rechtsextremismus...3

    1.1.2 Rassismus..3

    1.1.3 Ausländerfeindlichkeit...4

    1.1.4 Fremdenfeindlichkeit..5

    1.1.5 Fazit: Welcher Begriff soll hier verwendet werden?.............................5

  1.2 Allgemeine Erkenntnisse zum Problem „Fremdenfeindlichkeit"...................6

    1.2.1 Ausmaß von „Fremdenfeindlichkeit" in Deutschland..........................6

    1.2.2 „Fremdenfeindlichkeit" als Problem der Mitte...................................9

  1.3 Erklärungsansätze für das Phänomen der Fremdenfeindlichkeit..................10

    1.3.1 Persönlichkeitsspezifische und andere individuelle psychologische Faktoren als Ursache von Fremdenfeindlichkeit...11

    1.3.2 Nationalbewusstsein als Ausgangspunkt von Fremdenfeindlichkeit..............11

    1.3.3 Fremdenfeindlichkeit als Folge gesellschaftlicher Entwicklungen................11

    1.3.4 Interessenskonflikte als Ursache von Fremdenfeindlichkeit...................12

2 Einstellungen gegenüber Ausländern bei Grundschulkindern...............................14

3 Methodische Herangehensweise der empirischen Untersuchung............................16

  3.1 Die Datenerhebung...16

  3.2 Der Fragebogen...17

    3.2.1 Aufbau des Fragebogens..17

    3.2.2 Indikatoren für fremdenfeindliche Einstellungen................................19

    3.2.3 Wer ist mit „Ausländer" gemeint?..20

    3.2.4 Auswertung des Fragebogens...21

  3.3 Die Untersuchungspopulation und das Untersuchungsfeld.........................23

4   Darstellung der Ergebnisse der Befragung...25

4.1 Ablauf der Befragung...25

4.2 Gesamtüberblick über die Ergebnisse der Erhebung 26

4.3 Fremdenfeindliche Einstellungen innerhalb der Klasse............................31

4.4 Betrachtung einzelner Merkmale..32

4.4.1 Index „Fremdenfeindlichkeit" und Geschlecht.......................................*32*

4.4.2 Index „Fremdenfeindlichkeit" und Migrationshintergrund........................*33*

4.4.3 Index „Fremdenfeindlichkeit" und Beschäftigungssituation der Eltern..........*34*

4.4.4 Index „Fremdenfeindlichkeit" und Freundschaften mit Ausländern..............*35*

5   Schlussgedanken...36

6   Literaturverzeichnis..38

7   Rechtliche Erklärung..39

8   Anhang..40

8.1 Tabellen und Diagramme

8.2 Fragebogen-Muster

0 Einleitung

Veröffentlichungen über Fremdenfeindlichkeit, Rassismus, Rechtsextremismus oder ähnliche Phänomene gibt es sehr viele. Mittlerweile ist die Zahl der Fachpublikationen zum Thema unüberschaubar (vgl. z.B. Kleinert, S. 12). Dies zeigt sich auch darin, dass viele Bücher über Fremdenfeindlichkeit mit Worten beginnen wie „Warum noch ein Buch zu Fremdenfeindlichkeit?" (Kleinert, S. 12) oder ähnlichem. Der Grund für immer wieder neue Veröffentlichungen zu den Themen Fremdenfeindlichkeit, Rassismus oder Rechtsextremismus ist sicherlich darin zu finden, dass es sich dabei um komplexe Phänomene handelt. Bei der Ursachenforschung werden somit unterschiedliche Disziplinen angesprochen, die verschiedene theoretische Erklärungsansätze liefern, die wiederum unmöglich zu einem einheitlichen Modell verbunden werden können, da ihnen ganz unterschiedliche Ursachen zugrunde liegen. Ein einziges Erklärungsmodell kann es folglich nicht geben.

In meiner Arbeit soll es nicht darum gehen, einen weiteren oder neuen Erklärungsansatz für Fremdenfeindlichkeit zu liefern, sondern ich möchte herausfinden, wie Kinder ihre ausländischen Mitmenschen wahrnehmen. Je früher man fremdenfeindliche Tendenzen beim Menschen „aufdeckt", desto eher kann man etwas gegen sie unternehmen und vielleicht der Entwicklung einer tiefer sitzenden Fremdenfeindlichkeit vorbeugen. Das Grundschulalter findet jedoch bisher in der Forschung und der Literatur zum Thema „Fremdenfeindlichkeit" kaum Berücksichtigung.

Unumstritten ist, dass es zwischen „Einheimischen" und „Fremden" immer wieder Spannungen und Konflikte gibt. Diese durchziehen das alltägliche Zusammenleben, aber auch die Politik. In den Medien wird immer wieder über fremdenfeindliche Gewalttaten oder ähnliches berichtet und sich mit Themen wie Fremdenfeindlichkeit, Rassismus und Rechtsextremismus befasst. Für mich als angehende Lehrerin ist die Auseinandersetzung mit dem Thema Fremdenfeindlichkeit sehr wichtig, da ich es später in der Schule bzw. in den Klassen immer mit einer ethnisch und kulturell heterogenen Kindergruppe zu tun haben werde und entsprechend auch für interkulturelles Lernen und „Harmonie" zwischen den unterschiedlichen ethnischen

Gruppen sorgen muss.

In Kapitel 1 „Theoretischer Hintergrund: Fremdenfeindlichkeit in Deutschland"
möchte ich zunächst allgemeine Erkenntnisse und Erklärungsansätze zum Phänomen
der Fremdenfeindlichkeit in Deutschland darlegen und die Begriffe klären, die in
diesem Zusammenhang in der vorliegenden Arbeit verwendet werden. In Kapitel 2
„Einstellungen gegenüber Ausländern bei Grundschulkindern" wird eine Verbindung
zwischen theoretischem und empirischem Teil der vorliegenden Arbeit hergestellt.
Da sich fremdenfeindliche Tendenzen auf unterschiedliche Weise messen lassen und
es sich bei Fremdenfeindlichkeit um ein Konstrukt handelt, dass im Allgemeinen nur
schwer messbar ist, soll in Kapitel 3 „Methodische Herangehensweise der
empirischen Untersuchung" beschrieben werden, auf welchen Indikatoren und
Verfahren die Ergebnisse des empirischen Teils der vorliegenden Arbeit beruhen und
wie die Ergebnisse ausgewertet werden sollen. In Kapitel 4 werden die Ergebnisse
der Untersuchung dann ausgewertet und dargestellt. Im letzten Kapitel findet eine
Zusammenfassung der wesentliche Ergebnisse der Arbeit statt, außerdem möchte ich
in diesem Kapitel abschließend ein persönliches Resümee aus den Ergebnissen
ziehen und vor allem mögliche Konsequenzen für meine spätere Arbeit als Lehrerin
ableiten.

An dieser Stelle noch ein allgemeiner Hinweis zu geschlechtsneutralen
Bezeichnungen in der vorliegenden Arbeit: Wenn im folgenden Text die weibliche
Form nicht der männlichen Form beigestellt ist, so ist der Grund dafür allein die
bessere Lesbarkeit. Wo sinnvoll, ist selbstverständlich immer auch die weibliche
Form gemeint.

1 Theoretischer Hintergrund: Fremdenfeindlichkeit in Deutschland

1.1 Begriffliche Abgrenzungen

In der Literatur zu den Themen Fremdenfeindlichkeit und Rechtsextremismus besteht eine Vielzahl an verwendeten Begriffen für ein und dasselbe Phänomen. Häufig wird kritisiert, dass dabei die einzelnen Autoren ihre verwendeten Begriffe nicht eindeutig definieren (vgl. u.a. Butterwegge, S. 9-13; Kleinert, S. 12-15). Um in diesem Zusammenhang also ein wenig begriffliche Klarheit für die vorliegende Arbeit zu schaffen, wird im folgenden der Begriff „Fremdenfeindlichkeit" näher erläutert und begrifflich abgegrenzt von verwandten Begriffen wie „Ausländerfeindlichkeit", „Rassismus" und „Rechtsextremismus", die in der Literatur oftmals synonym verwendet bzw. nicht sauber getrennt werden (vgl. Decker/Brähler, S. 11; Kleinert, S. 82-86 ; Butterwegge, S. 15).

1.1.1 Rechtsextremismus

Als „rechtsextrem" werden Bestrebungen, Personen und Organisationen bezeichnet, die meist unter Androhung bzw. Anwendung von Gewalt „versuchen, demokratische Grundrechte einzuschränken bzw. abzuschaffen, in der Regel sozial benachteiligte, sich aufgrund phänotypischer Merkmale wie Hautfarbe, Körperbau oder Haarbeschaffenheit, der Herkunft, weltanschaulichen, religiösen oder sexuellen Orientierung nach unterscheidbare, von der ‚Standardnorm' abweichende Minderheiten auszugrenzen, auszuweisen oder – im Extremfall – auszurotten und jene Kräfte zu schwächen bzw. auszuschalten, die sich für deren Integration, das Ziel der gesellschaftlichen Emanzipation und Maßnahmen demokratischer Partizipation einsetzen" (Butterwegge, S. 27). Rechtsextreme lehnen Prinzipien wie Freiheit und Gleichheit für alle Menschen ab (vgl. Wahl, S. 10). Der Wert eines Menschen wird an die ethnische Zugehörigkeit gebunden (vgl. Kleinert, S. 97-98).

1.1.2 Rassismus

Mit „Rassismus" wird ein besonderer Fall von „ethnischer Grenzziehung" bezeichnet, „der dadurch charakterisiert ist, dass er an vermeintlich stabilen biologischen Unterschieden zwischen Personengruppen, den sogenannten ‚Rassen', orientiert ist" (Ganter, S. 17). Dieser Begriff sollte nur verwendet werden für

Einstellungen, Verhaltensweisen und Ideologien, „die sich auf eigentlich längst widerlegte Behauptungen genetisch bedingter Differenzen zwischen hierarchisch abgestuften Bevölkerungsgruppen beziehen. Von ethnischer Grenzziehung wäre hingegen schon dann zu sprechen, wenn – oft ebenfalls fragwürdige – Vorstellungen von (vermeintlich) relativ stabilen herkunftsbedingten und kulturellen Besonderheiten bestimmter Bevölkerungsgruppen im Spiel sind" (Ganter, S. 17). Laut Silbermann/Hüsers (S. 6) ist „Rassismus als auf spezielle Vorurteile zurück-gehendes Faktum" in dem Phänomen Fremdenfeindlichkeit mit eingeschlossen.

1.1.3 Ausländerfeindlichkeit

Dieser Begriff wird im Allgemeinen sehr kritisch gesehen, weil zum einen der erste Teil des Wortes „irreführend" ist: „Ausländer" impliziert, dass sich die Feindlichkeit <u>nur</u> gegen Menschen richtet, die keine deutsche Staatsbürgerschaft haben, und dass sie sich vor allem automatisch gegen <u>alle</u> Menschen mit ausländischer Staatsbürgerschaft richtet, was in der Realität jedoch nicht der Fall ist – so wird die Feindlichkeit gegenüber deutschen Staatsbürgern jüdischen Glaubens zum Beispiel mit dem Begriff gar nicht abgedeckt. Zum anderen wird der Begriff kritisch gesehen, weil der zweite Teil des Wortes eher „verharmlosend" ist, da „auch der Mechanismus von Ausschließungspraktiken und Diskriminierungen" verschleiert wird (vgl. Butterwegge, S. 15-17). „Ausländerfeindlichkeit" ist laut Silbermann/Hüsers ein von der Politik hervorgebrachter Begriff, der letztlich weniger „verfänglich" klingt als z.B. Rassismus, auch wenn mit dem Begriff auch „als rassistisch einzustufende Haltungen und Übergriffe" angesprochen werden und die gemeinten „Ausländer" dabei selten zum Beispiel „Westeuropäer" oder „Weiße" darstellen (vgl. Silbermann/Hüsers, S. 4). Ausländer ist in der Realität also nicht gleich Ausländer. Dort zeigt sich immer wieder, dass es sich, wenn es um Ausländerfeindlichkeit geht, nicht um eine „undifferenzierbare, generelle Feindlichkeit gegen alle Ausländer" (Silbermann/Hüsers, S. 4) handelt (vgl. Butterwegge, S. 16; Wittich, S. 130).

1.1.4 Fremdenfeindlichkeit

Es ist hier zunächst zu klären, wer als Zielgruppe mit dem Wortteil „Fremden"
eigentlich gemeint ist: Auch wenn im allgemeinen mit dem recht offenen Begriff
„fremd" eine Vielzahl von Personengruppen bezeichnet werden könnte –
„grundlegend für die Wahl der Objekte ist nur, dass sie subjektiv als fremd
wahrgenommen werden und diese Fremdheit als Bedrohung erlebt und abgewehrt
wird" (Kleinert, S. 16) –, so interessieren für die vorliegende Arbeit nur die
fremdenfeindlichen Tendenzen, die sich gegen Immigranten und deren Nachkommen
richten, da diese heute eine „prototypische Gruppe von Fremden" (Kleinert, S. 16)
bilden. Der Begriff „fremd" bezieht sich also auf ethnische Unterschiede. Es werden
dabei Merkmale verschiedener Gruppen miteinander verglichen, die von Geburt und
Herkunft abhängig sind. Die Merkmale der „fremden" Gruppe unterscheiden sich
dabei von den Merkmalen der eigenen Gruppe. Bei diesen Merkmalen handelt es
sich z.B. um Hautfarbe, Sprache, Religion, Wohn- und Lebensweise oder auch
Kleidungsgewohnheiten als „Ergebnis der Abstammung und kulturellen Prägung".
Der staatsbürgerliche Status spielt im Gegensatz zur „Ausländerfeindlichkeit" dabei
nur eine untergeordnete Rolle (vgl. Ganter, S. 13-14; Kleinert, S. 33-38).
Fremdenfeindlichkeit ist von den drei Begriffen, Ausländerfeindlichkeit, Rassismus
und Fremdenfeindlichkeit, der am weitesten reichende und schließt in gewisser
Weise die beiden anderen Begriffe mit ein (vgl. Silbermann/Hüsers, S. 6).

1.1.5 Fazit: Welcher Begriff soll hier verwendet werden?

Für die vorliegende Arbeit erscheint der Begriff „Fremdenfeindlichkeit" am ehesten
geeignet. Der Begriff „Rechtsextremismus" hat den Nachteil, dass er das Problem,
auf das er sich bezieht, eher als ein „Randphänomen" beschreibt (vgl.
Decker/Brähler, S. 55 und S. 157), was aber laut unterschiedlicher Studien nicht der
Realität entspricht (vgl. Kapitel 1.2). Außerdem ist laut Decker/Brähler (S.12 und S.
20-21) Fremdenfeindlichkeit vor allem eher als eine von mehreren Teilkomponenten
von Rechtsextremismus – wenn nicht sogar als „'Einstiegsdroge' in den
Rechtsextremismus" (vgl. Decker/Brähler, S. 167) – zu sehen, so dass also
„Rechtsextremismus" vielmehr einen übergeordneten Begriff von
„Fremdenfeindlichkeit" darstellt. Letztlich will sicher nicht jeder mit einer
fremdenfeindlichen Einstellung gleich die demokratischen Grundrechte abschaffen.
Die Phänomene „Ausländerfeindlichkeit" sowie „Rassismus" sind wiederum beide in

dem Begriff „Fremdenfeindlichkeit" enthalten. Vor allem, wenn man sich an den Wortteil „Fremden" orientiert, wird dieser Begriff am ehesten den Tatsachen gerecht, dass sich die „Feindlichkeit" nicht nur auf eine abweichende Staatsbürgerschaft oder ein „Rassenkonzept" bezieht, sondern als Kriterium für die „Fremdartigkeit" etwas herangezogen wird, was grundsätzlich austauschbar ist (vgl. Silbermann/Hüsers, S. 7). Es geht allgemein um Personen und Gruppen, die subjektiv als fremd wahrgenommen werden. „Fremdenfeindlichkeit" weist damit gleichzeitig auf eine soziale Konstruktion hin, da das „Fremde" sozial konstruiert ist: Die Feindlichkeit richtet sich gegen Menschen, die als nicht zugehörig zur „eigenen Gruppe" angesehen werden (vgl. Kleinert, S. 91). Er ist auch offener als der Begriff „Ausländerfeindlichkeit": Was jemand als „fremd" betrachtet, lässt sich nicht allgemein an objektiven Merkmalen oder am staatsbürgerlichen Status festmachen, und von Fremdenfeindlichkeit betroffene Gruppen und Einstellungen können sich verändern (vgl. u.a. Kleinert, S. 82-86; Butterwegge, S. 15-18). Wie auch bereits oben dargestellt, sollte gerade der Begriff „Rassismus" sowieso nur vorsichtig und in besonderen Fällen verwendet werden (vgl. auch Silbermann/Hüsers, S. 8). Auch der Begriff „Ausländerfeindlichkeit" ist wegen seiner „Ungenauigkeit" eher kritisch zu sehen und für meine Arbeit ungeeignet, da er nicht das konkrete Problem benennt, dass generell abgelehnt wird, was einem „fremd" erscheint und nichts mit der reinen Staatsbürgerschaft zu tun hat.

1.2 Allgemeine Erkenntnisse zum Problem „Fremdenfeindlichkeit"

1.2.1 Ausmaß von Fremdenfeindlichkeit in Deutschland

Die Einschätzungen hinsichtlich Ausmaß und Entwicklung fremdenfeindlicher Tendenzen in Deutschland fallen sehr unterschiedlich und zum Teil auch widersprüchlich aus (vgl. Ganter, S. 29): Auch wenn einige eine stetig steigende Fremdenfeindlichkeit beobachten, so prognostizieren andere eine langfristige Verringerung des Problems. Die widersprüchlichen Einschätzungen sind ein Ausdruck dafür, wie schwer es ist, Fremdenfeindlichkeit zu messen und ihre Entwicklung klar zu beurteilen.

Will man das Ausmaß an Fremdenfeindlichkeit in Deutschland messen, muss zwischen zwei Ebenen dieses Phänomens unterschieden werden, zwischen

fremdenfeindlichen Einstellungen und fremdenfeindlichen Handlungen. Zu fremdenfeindlichen Handlungen zählen meist direkte Gewalttaten oder Angriffe in verbaler Form (vgl. Ganter, S. 3; Kleinert, S. 100-102). Mit fremdenfeindlichen Einstellungen, um die es gerade in der vorliegenden Arbeit geht, hängen Stereotype und Vorurteile und auch feinere Formen von „Diskriminierung" eng zusammenhängen (vgl. Kleinert, S. 91; Ganter, S. 16-17). Darum sollen im folgenden die Begriffe „Stereotype", „Vorurteile" und „Diskriminierung" noch kurz geklärt werden.

Bei „Stereotypen" handelt es sich um verallgemeinerte „Überzeugungen und Annahmen über die Eigenschaften und Merkmale einer Gruppe von Personen" (Ganter, S. 14) und deren Zusammenhang. Die Meinungen beziehen sich dabei auf Fremdgruppen aber auch genauso auf die eigene Gruppe (vgl. Ganter, S. 14). Bei „Vorurteilen" handelt es sich um Einstellungen über Eigenschaften und Merkmale einer Gruppe von Personen, die mit „Bewertungen" verbunden sind, „emotionale Reaktionen" wie Misstrauen oder Furcht gegenüber dieser Gruppe von Personen und/oder „daran orientierte Verhaltensdispositionen" wie Kontaktvermeidung auslösen (vgl. Ganter, S. 14-15; Silbermann/Hüsers, S. 6-7). Einen „Fremden" als „Feind" zu betrachten, ist letztlich als eine Folge von Stereotypen bzw. Vorurteilen zu sehen. Mit „(ethnischer) Diskriminierung" sind „konkrete Handlungen und Verhaltensweisen gegenüber Personen gemeint, die an deren Zugehörigkeit zu bestimmten (ethnischen) Gruppen orientiert ist" (Ganter, S. 15). Zu diesen Handlungen zählen zum Beispiel (meist nicht gerechtfertigte) Benachteiligungen beim Zugang zu bestimmten Orten oder auch Gewaltangriffe oder auch feinere Formen der Kontaktvermeidung (vgl. Ganter, S. 15).

In dem Medien ist Fremdenfeindlichkeit in Form fremdenfeindlicher Gewalttaten immer präsent (aktuelles Beispiel: Die Verfolgung der Inder in Mügeln im August 2007). Diese Tatsache zeigt, dass Fremdenfeindlichkeit nach wie vor ein wichtiges politisches und gesellschaftliches Thema darstellt. Um aber über das Ausmaß fremdenfeindlicher Handlungen zu entscheiden, muss man andere Quellen zu Rate ziehen. Eine verlässliche Informationsquelle stellt zum Beispiel die Kriminalstatistik des Bundeskriminalamts (BKA) über verübte fremdenfeindliche Straftaten dar, aber auch hier kann nicht die Gesamtheit aller fremdenfeindlichen Handlungen erfasst

werden – ein Problem stellt dar, dass kaum allen fremdenfeindlich motivierten Straftätern ihre „Fremdenfeindlichkeit" nachgewiesen werden kann. Die Kriminalstatistik des BKA gibt einen monatlichen sowie jährlichen Überblick über die Entwicklung fremdenfeindlicher Straftaten bis Mitte 2007. Zu den erfassten Straftaten gehören einerseits Gewalttaten, andererseits aber auch Nötigungen, Bedrohungen, Verbreitung fremdenfeindlicher Propaganda, Aufforderung zu fremdenfeindlicher Gewalt und Rassenhass oder ähnliches. Die Statistik des BKA zeigt, dass die polizeilich erfasste Zahl der fremdenfeindlichen Straftaten seit 2001 im Jahre 2006 mit insgesamt 5.120 (als rechtsextreme Straftaten wurden insgesamt mehr als doppelt so viele erfasst) ihren alarmierenden Höchststand erreichte.

Was das Ausmaß und die Entwicklung fremdenfeindlicher Einstellungen angeht, ist es sehr viel schwerer, ein „klares" und einheitliches Bild zu geben. In der Regel beruft man sich auf durchgeführte Bevölkerungsumfragen (im Rahmen der Sozialwissenschaften: durchgeführt zum Beispiel von ALLBUS 1996). Eine Studie von Decker/Brähler (im Auftrag der Friedrich-Ebert-Stiftung) zu rechtsextremen Einstellungen in Deutschland aus dem Jahre 2006 hatte zum Ergebnis, dass etwas über 25 % der Deutschen fremdenfeindlich eingestellt sind. Diese Studie wurde auch in den Jahren 2002 und 2004 durchgeführt. Vergleicht man die Ergebnisse dieser drei Jahrgänge, so zeigt sich, dass fremdenfeindliche Einstellungen sich seit 2002 recht „stabil" halten, an den Zahlen veränderte sich kaum etwas (vgl. Decker/Brähler, S. 57-58). Eine Langzeitstudie von Wilhelm Heitmeyer, einem bekannten Rechtsextremismusforscher, seit 2002 („Deutsche Zustände") dagegen hat zum Ergebnis, dass Fremdenfeindlichkeit in Deutschland kontinuierlich angestiegen ist. Laut seiner Studie sind knapp 50 % der Deutschen 2006 allgemein fremdenfeindlich eingestellt. Das sind doch sehr unterschiedliche Ergebnisse, was deutlich macht, wie schwer es offenbar ist, fremdenfeindliche Einstellungen allgemeingültig zu messen und damit letztlich pauschal das Ausmaß und die Entwicklung fremdenfeindlicher Einstellungen zu beurteilen.

1.2.2 „Fremdenfeindlichkeit" als Problem der Mitte

Laut unterschiedlicher Studien der letzten Jahre ist Fremdenfeindlichkeit nicht auf eine gesellschaftliche Schicht beschränkt (vgl. Ganter 1998, Kleinert 2004; Decker/Brähler 2006; Wittich 2004). Wurde in der Vergangenheit noch Fremdenfeindlichkeit als ein Randgruppenproblem angesehen, so stellt sich aufgrund der Studien sowie aufgrund der Statistiken des Bundeskriminalamtes der letzten Jahre ein neues Bild dar: Schon längst ist Fremdenfeindlichkeit kein Randgruppenphänomen mehr. Vielmehr ist sie in allen Schichten und auch Altersgruppen vertreten und bezieht sie sich nicht nur auf Menschen in schwierigen wirtschaftlichen Situationen:

o Fremdenfeindlichkeit wird in der Literatur oftmals als Jugendproblem dargestellt, dies vor allem weil Straftaten gegen „Fremde" am häufigsten von männlichen Jugendlichen ausgeführt werden (vgl. BKA-Statistik). Aber unterschiedliche Studien ergaben (vgl. Decker/Brähler, S. 49-50; Ganter, S. 59-60), dass Rentner und Vorruheständler sogar einen größeren Anteil innerhalb der fremdenfeindlichen Gruppe der Bevölkerung ausmachen als die Jugendlichen.

o Auch wenn der prozentuale Anteil an Menschen mit fremdenfeindlichen Einstellungen in ostdeutschen Bundesländern offensichtlich etwas höher liegt als in westdeutschen Bundesländern, so ist ein großer Teil der Menschen mit fremdenfeindlichen Einstellungen auch dort zu finden (vgl. Silbermann/Hüsers, S. 43-45; Decker/Brähler, S. 43-45).

o Die Mehrzahl der fremdenfeindlichen Straftäter weist ein niedriges schulisches Bildungsniveau aus (vgl. BKA-Statistik). Was die Abhängigkeit fremdenfeindlicher Einstellung von der Bildung angeht, so ist durch die unterschiedlichen Studien zwar festzustellen, dass mit zunehmenden Bildungsniveau offensichtlich die Fremdenfeindlichkeit abnimmt, aber dennoch scheint auch jeder zehnte Deutsche mit Studium fremdenfeindlichen Aussagen zuzustimmen (vgl. Decker/Brähler, S. 47-48).

o Unter den Geschlechtern gibt es kaum Unterschiede hinsichtlich fremdenfeindlicher Einstellungen: Frauen stellen sich wie Männer in etwa gleichermaßen fremdenfeindlich dar (vgl. Decker/Brähler, S. 48; Ganter, S. 60).

o Der Erwerbsstatus hat offensichtlich einen Einfluss auf Fremdenfeindlichkeit: Arbeitslose machen den größten Anteil an der fremdenfeindlichen Gruppe der

Bevölkerung aus. Gleich danach kommen die befragten Ruheständler. Aber auch bei den Erwerbstätigen und den Auszubildenden sind jeweils über 20 % der Befragten fremdenfeindliche Tendenzen zuzuschreiben (vgl. Decker/Brähler, S. 48-49).

1.3 Erklärungsansätze für das Phänomen der Fremdenfeindlichkeit

Die Anzahl an wissenschaftlichen Erklärungsmodellen aus den unterschiedlichsten Fachgebieten ist für das Phänomen der Fremdenfeindlichkeit in den letzen Jahrzehnten stark gestiegen (vgl. Decker/Brähler, S. 9-11; Ganter S. 3). Die „Frage nach den Ursachen von fremdenfeindlichen Einstellungen und Verhaltensweisen wird kontrovers diskutiert" (Ganter, S. 3). Leider gibt es aber kein Modell, das die einzelnen Erklärungsmodelle miteinander verbinden kann und das damit gar als endgültiges und einheitliches Modell gelten könnte (vgl. Decker/Brähler, S. 19). Die unterschiedlichen Ansätze ermöglichen es vielmehr, das Phänomen wahlweise durch eine Reihe von Ursachen zu erklären. Alle Ansätze sind sicher ernst zu nehmen, jedoch ist man bisher mit keinem der Modelle tatsächlich zu den „wirklichen Wurzeln" des Problems vorgedrungen. Somit wird die Anzahl an Erklärungsmodellen auch sicher weiter ansteigen. Denn man kann erst etwas gegen das Problem tun, wenn man die wirklichen Ursachen kennt (vgl. u.a. Butterwegge, S. 9-13; Kleinert, S. 12-15; Ganter, S. 3; Decker/Brähler, S. 9).

Die Erklärungsansätze für das Phänomen der Fremdenfeindlichkeit in Deutschland unterscheiden sich im Hinblick auf die Bestimmung der hauptsächlichen Entstehungsfaktoren und Wirkungsmechanismen fremdenfeindlicher Tendenzen grundlegend darin, „welche analytische Bezugsebene jeweils in den Vordergrund gerückt wird" (Ganter, S. 49): Die einen konzentrieren sich zum Beispiel auf gesellschaftliche Umstände, die anderen konzentrieren sich auf den Menschen und seine Veranlagung etc. (vgl. Ganter, S. 49). Um die Unterschiede zu verdeutlichen, soll im Folgenden ein kurzer Überblick über einige weit verbreitete Erklärungsansätze gegeben werden.

1.3.1 Persönlichkeitsspezifische und andere individuelle psychologische Faktoren als Ursache von Fremdenfeindlichkeit

Ansätze dieser Kategorie konzentrieren sich auf „Aspekte der Persönlichkeits-entwicklung und psychodynamische Prozesse" (Ganter, S. 49). Man geht man davon aus, dass Fremdenfeindlichkeit ein Ergebnis von „Störungen der ‚normalen' Persönlichkeits- und Identitätsentwicklung im Sozialisationsverlauf" (Ganter, S. 49) darstellt. Somit könnte man Fremdenfeindlichkeit auch als „Krankheitsbild" bezeichnen: Die Antihaltung gegenüber „Fremden" hilft dabei, von eigenen Fehlern oder Unsicherheiten abzulenken. Aber auch andere „psychologische und psychoanalytische Faktoren" (Ganter, S. 50) wie zum Beispiel Enttäuschungs- oder Verlusterfahrungen können eine Rolle spielen, wenn dafür möglicherweise jemand gebraucht wird, auf den man seine Schuld unbewusst abwälzen kann (vgl. Ganter, 50).

1.3.2 Nationalbewusstsein als Ausgangspunkt für Fremdenfeindlichkeit

Ansätze dieser Kategorie konzentrieren sich nicht auf den Einzelnen mit „seinen" fremdenfeindlichen Tendenzen, sondern auf die Staatsnation als Einheit, die Zugehörigkeit des Einzelnen zu dieser Nation und das aus dieser Zugehörigkeit resultierende Nationalbewusstsein. Man geht davon aus, dass jeder Nation unbewusste fremdenfeindliche Grundhaltungen innewohnen, die besonders „in Krisenzeiten leicht aktiviert werden können". Jeder, der nicht zur Nation gehört, wird dann kollektiv automatisch als „fremd" – also nicht dazugehörig – angesehen (vgl. Ganter, S. 50-51). In den Mittelpunkt der Ursachenforschung zu Fremdenfeindlichkeit werden hier häufig die starke „Zuwanderung von Immigranten in den westlichen Industrieländern" oder „globale Prozesse des ökonomischen, sozialen und politischen Wandels moderner Gesellschaften" gestellt (vgl. Ganter, S. 51-52).

1.3.3 Fremdenfeindlichkeit als Folge gesellschaftlicher Entwicklungen

Ansätze dieser Kategorie, zu deren Verfechtern auch Wilhelm Heitmeyer gehört, gehen von Fremdenfeindlichkeit als Konsequenz von sozialen Individualisierungs- und damit verbundenen Desintegrationsprozessen aus. Diese Spaltungstendenzen zeigen sich vor allem innerhalb moderner kapitalisierter Gesellschaften, die gekennzeichnet sind durch Individualisierung, „Enttraditionalisierung" und eine

„Pluralisierung der Lebensstile" und in denen soziale Bindungen und Werte mehr und mehr verloren gehen. Dies hat zur Folge, dass immer mehr Menschen sich nirgendwo mehr zugehörig fühlen und Schwierigkeiten haben, ihre Identität zu finden. Sie suchen als Ausgleich nach anderen „Gruppenzugehörigkeiten" und nach „Ersatzidentitäten". Auch aufgrund der zunehmenden Unsicherheiten im Berufsleben und der steigenden Statusängste, erfahren die Individuen eine zunehmende Belastung. Immer mehr Menschen fühlen sich ungerecht behandelt und immer weniger in Beruf oder Alltag anerkannt. Dies hat ein steigendes Konkurrenzdenken und Gleichgültigkeit gegenüber anderen zur Folge und macht fremdenfeindliche Ideologien umso attraktiver. Fremdenfeindliche Tendenzen werden letztlich als Nebenwirkung von „Vereinzelung, Desorientierung, Handlungsunsicherheit und Ohnmachtserfahrungen" deklariert, was auch oft kritisiert wird (vgl. Ganter, S. 52; Holtmann, S. 1-3; Decker/Brähler, S. 17).

1.3.4   Interessenskonflikte als Ursache von Fremdenfeindlichkeit

Bei diesem Ansatz konzentriert man sich „vorrangig auf strukturelle Konstellationen von Intergruppenbeziehungen und –konflikten sowie auf typische Aspekte konkreter Handlungszusammenhänge zwischen Deutschen und ‚Ausländern' und deren Folgen" (Ganter, S. 52). Fremdenfeindlichkeit wird dabei als Ergebnis von „Interessenskonflikten" zwischen den Gruppen verstanden. Das „Interesse" bezieht sich dabei auf die Verteilung von begehrten knappen Gütern wie Arbeitsplätzen, Wohnungen oder Heiratspartnern, aber auch auf staatsbürgerliche Rechte oder Sozialleistungen. Eine wichtige Rolle spielt dabei das Bestreben der Deutschen, an ihre Abstammung geknüpfte Vorrechte gegenüber den „Ausländern" zu bewahren (vgl. Ganter, S. 53).

Im Rahmen dieser Arbeit kann nur ein sehr kurzer Überblick über die unterschiedlichen Ansätze gegeben und können die Erklärungsansätze kaum in Einzelheiten vertieft werden. Grundsätzlich kann man sagen, dass alle Ansätze ihr Für und Wider haben. Mängel bestehen in der Regel in der jeweiligen Reichweite der Ansätze. So hebt jeder Ansatz die eigenen zentralen Aspekte des Themas hervor, berücksichtigt dabei aber kaum andere: Zum Beispiel werden bei Ansätzen, die fokussiert sind auf die Persönlichkeit des Menschen, sozialstrukturelle Faktoren weitestgehend außer Acht gelassen. Eine Verbindung der einzelnen Ansätze hat fand

bisher nicht statt, und ein wirklich überzeugender Ansatz fehlt bis heute. Viele Fragen bleiben unbeantwortet, so zum Beispiel die Frage nach den individuellen Unterschieden in der Stärke fremdenfeindlicher Tendenzen (vgl. Ganter, S. 55-56). Bei der Suche nach dem „richtigen" Ansatz ist letztlich entscheidend, dass immer möglichst alle möglichen Aspekte betrachtet werden müssen, anstatt nur eine Perspektive zu berücksichtigen: Soziales Umfeld, Bildung, psychische Konstellationen, Erziehung, gesellschaftliche Entwicklungen usw. sind bei der Frage, warum Menschen fremdenfeindliche Tendenzen ab- oder aufbauen, sicher alle wichtige Faktoren und sollten gleichermaßen in die Betrachtung mit einbezogen werden (vgl. Decker/Brähler, S. 165).

14

2 Einstellungen gegenüber Ausländern bei Grundschulkindern

Die Ergebnisse der Studien zu fremdenfeindlichen Einstellungen der deutschen Bevölkerung wie zum Beispiel die von Decker/Brähler zeigen, dass fremdenfeindliche Einstellungen in „allen" Altersbereichen präsent sind. Tatsächlich berücksichtigt wurden für die Studie jedoch nur Menschen im Alter ab 14 Jahren. Offensichtlich geht man allgemein davon aus, dass das Problem der Fremdenfeindlichkeit dem Jugendalter entspringt, was vermutlich darauf zurückzuführen ist, dass fremdenfeindliche Gewalt größtenteils von Jugendlichen oder jungen Erwachsenen verübt wird, wie beispielsweise die Statistiken des Bundeskriminalamtes zeigen. Die Schwerpunktsetzung in der Literatur zum Thema Fremdenfeindlichkeit liegt vor allem auf dem Jugendalter: Es gibt sehr viel Literatur und empirische Untersuchungen zur Fremdenfeindlichkeit in diesem Alter. Auffällig ist, dass die Betrachtung von Grundschulkindern in der Literatur und in der Forschung allgemein zu kurz kommt, jüngere Kinder werden offensichtlich noch als frei von „fremdenfeindlichem Gedankengut" angesehen. Das Grundschulalter wird meistens eher in einer Art „Rückschau" betrachtet: So werden kriminelle fremdenfeindliche bzw. rechtsextreme Jugendliche zu ihrer Kindheit befragt (vgl. Wahl, S. 9). Solche Untersuchungen geben lediglich kleine Hinweise darauf, dass diese bereits in der Kindheit Anzeichen für bestimmte Auffälligkeiten zeigten (vgl. Wahl, S. 9-18). Für mich stellt sich jedoch die Frage, ob es, wenn man einem so zentralen und aktuellen Problem wie der Fremdenfeindlichkeit wirklich begegnen will, nicht sinnvoll ist, so früh wie möglich anzusetzen mit den Untersuchungen, also beispielsweise im Grundschulalter.

In der Literatur wir immer wieder betont, dass fremdenfeindliche Gewalt von allgemeinen fremdenfeindlichen Einstellungen in der Bevölkerung unterstützt wird und zudem eine enge „ursächliche" Verbindung zwischen fremdenfeindlichen Einstellungen und diskriminierendem Verhalten besteht (vgl. Ganter, S. 17). Fremdenfeindlichkeit beginnt nicht erst mit der Gewalttat, sondern auch fremdenfeindliche Einstellungen dürfen nicht außer Acht gelassen werden, die sich im schlimmsten Falle – wenn auch nicht zwangsläufig – zu direkten fremdenfeindlichen Gewalttaten steigern können (vgl. Kleinert, S. 100-102). Es ist wichtig, sich nicht nur mit der Gewalt, also fremdenfeindlicher Handlung, zu

beschäftigen, sondern auch mit negativen Einstellungen gegenüber anderen ethnischen Gruppen, zu denen auch Furcht vor Fremden gehören kann. Dass beispielsweise Grundschulkinder nachgewiesenermaßen kaum fremdenfeindliche oder gar rechtsextremistische Gewalttaten begehen, heißt nicht, dass sie nicht auch Vorurteile haben. Auch in der Grundschule haben es Kinder, die in einer Einwanderungsgesellschaft leben, schon mit „kultureller Vielfalt" zu tun. Meine persönlichen Erfahrungen bestätigen, dass auch Kinder andere schon als „anders" und „Fremde" zum Teil mit Furcht wahrnehmen. Wenn man auch aus möglichen negativen Einstellungen der Kinder gegenüber Ausländern nicht unbedingt automatisch auf spätere Gewalttaten schließen kann, so kann man diese Gefahr jedoch auch nicht ausschließen und sollte schon im Grundschulalter möglicherweise problematischen Entwicklungen entgegenwirken. Dazu ist es jedoch zunächst einmal nötig, die Einstellungen von Kindern gegenüber „Ausländern" herauszufinden.

Mit der vorliegenden Arbeit möchte ich helfen, die offenkundige Lücke in der Forschung zu schließen und empirisch die Einstellungen gegenüber Ausländern bei Grundschulkindern untersuchen. Meine wissenschaftliche Fragestellung dabei lautet:

1. Sind Kinder im Grundschulalter frei von fremdenfeindlichen Gedanken? Oder gibt es so etwas wie „Fremdenfeindlichkeit" bereits im Grundschulalter?
2. Wenn es fremdenfeindliche Einstellungen bei Kindern im Grundschulalter gibt, lassen sich dann Unterschiede in den Einstellungen in Abhängigkeit vom Geschlecht, vom Migrationshintergrund, von der Beschäftigungssituation der Eltern oder von Kontakten mit Ausländern feststellen?

16

3 Methodische Herangehensweise der empirischen Untersuchung

3.1 Die Datenerhebung

In Kapitel 1.2.1 wurde auf die unterschiedlichen Ebenen von Fremdenfeindlichkeit hingewiesen, die in der Forschung jeweils auf andere Weise gemessen werden können. Da es in der vorliegenden Arbeit um (fremdenfeindliche) Einstellungen geht, wird auch im Folgenden nur auf das Messen fremdenfeindlicher Einstellungen eingegangen. Bei der Ermittlung von Einstellungen gelten mündliche und schriftliche Befragungen als das „Standardinstrument" der empirischen Sozialforschung (vgl. Raithel, S. 64; Ganter, S. 22-28; Schöneck/Voß, S. 43; siehe auch ALLBUS, Eurobarometer, Erhebungen der IPOS). Befragungen eignen sich am besten, um möglichst zuverlässig Entwicklungstendenzen der Fremdenfeindlichkeit für größere Bevölkerungsgruppen festzustellen, da sie vergleichsweise einfach und beliebig oft wiederholbar durchzuführen sind (vgl. Ganter, S. 22-28; Schöneck/Voss, S. 43).

Natürlich ist eine Datenerhebung mittels Befragungen auch mit Schwierigkeiten verbunden, die bei der Interpretation der Ergebnisse der Befragungen berücksichtigt werden sollten: Möglich sind bewusste Antwortenverzerrungen durch die Befragten, möglich ist auch, dass einzelne Befragte vorschnell antworten, ohne sich genügend Gedanken zu machen, oder dass mit der Frageformulierung das zu bearbeitende Thema für den Befragten in eine bestimmte Richtung gelenkt wird usw. Trotz dieser Nachteile sind Befragungen aufgrund ihrer Möglichkeit, quantitativ fassbare Daten für eine große Bevölkerungsgruppe zu liefern, anderen Messverfahren vorzuziehen (vgl. Ganter, S. 22-28).

Es handelt sich bei der empirischen Untersuchung zur vorliegenden Arbeit um ein quantitatives Untersuchungsdesign. Als Weg der Datenerhebung wurde die schriftliche Befragung in Form eines weitgehend standardisierten Fragebogens ausgewählt. Mündliche Befragungen wurden von vornherein ausgeschlossen, zum einen ist der zeitliche Aufwand hier immens höher als bei der Durchführung schriftlicher Befragungen und zum anderen wird den Untersuchungsprobanden mit der schriftlichen Befragung die Möglichkeit geboten, die Fragen besser durchdenken sowie anonym beantworten zu können. Dies erhöht die Wahrscheinlichkeit,

„ehrliche" Antworten zu erhalten. Das quantitative Untersuchungsdesign stellt ein in der sozialwissenschaftlichen Forschungspraxis besonders wichtiges Design dar (vgl. Schöneck/Voß, S. 37). Ein solches Design hilft, komplexe soziale Gegebenheiten mit Hilfe von geeigneten mathematisch-statistischen Verfahren auf „'wesentliche' Merkmale" (Raithel, S. 8) zu reduzieren. Ein komplexes Phänomen wird hierzu in Zahlen umgewandelt und damit „messbar" und statistisch analysierbar gemacht (vgl. Raithel, S. 8). Einer quantitativen Untersuchung geht in der sozialwissenschaftlichen Forschungspraxis häufig eine qualitative Untersuchung voraus, um zunächst den Bereich, den es zu untersuchen gilt, „auszuleuchten" oder Hypothesen zu bilden. Dies gerade, wenn es sich um noch wenig erforschte Themenbereiche handelt. Liegen die Ergebnisse einer solchen qualitativen Voruntersuchung vor, fällt es leichter, anschließend ein Design für die quantitative Untersuchung zu entwickeln (vgl. Schöneck/Voss, S. 32-36; Kleinert, S. 21). In einer quantitativen Studie bekommen alle Befragten identische Fragen vorgelegt, die dann zum Beispiel durch Ankreuzen von Antwortvorgaben beantwortet werden. Für die vorliegende Arbeit wäre eine Voruntersuchung qualitativer Art sicher empfehlenswert gewesen, um zunächst in vertiefenden Gesprächen Aufschluss darüber zu erhalten, mit welchen Fragen das Phänomen der Fremdenfeindlichkeit gerade bei Kindern bzw. Einstellungen gegenüber Ausländern bei Grundschulkindern überhaupt erfasst werden könnte. Auf eine solche Voruntersuchung wurde im Rahmen dieser Arbeit jedoch verzichtet, weshalb davon auszugehen ist, dass der entwickelte Fragebogen für eine erneute Befragung möglicherweise noch einmal überarbeitet werden müsste, da sich durch die Erfahrung bei der Befragung noch Anregungen ergeben können, was am Fragebogen für eine weitere Befragung in Zukunft korrigiert werden muss.

3.2 Der Fragebogen

3.2.1 Aufbau des Fragebogens

Kernelement der Erhebung zur vorliegenden Arbeit ist ein Fragebogen zu den Einstellungen gegenüber Ausländern bei Grundschulkindern. Dieser teil-standardisierte Fragebogen – es konnte nicht völlig auf offene Fragen verzichtet werden – ist speziell für diese Erhebung entwickelt worden, da es keine vergleichbare Untersuchung bei Grundschulkindern bisher gibt. Bei der Entwicklung wurden Fragebögen aus anderen Studien zum Thema adaptiert (vgl. Kleinert, S. 301;

18

ALLBUS 1996; Silbermann/Hüsers, S. 112-115) und die Fragen dabei entsprechend kindgerecht umformuliert. Der dreiseitige Fragebogen besteht aus drei Teilen und enthält acht Fragen. Es wurde versucht, den Fragebogen so kurz wie nur möglich zu halten, da davon auszugehen ist, dass mit zunehmender Länge des Fragebogens auch das Antwortinteresse der Kinder sinkt, zumal diese noch nicht bzw. kaum an eine solche Befragungspraxis gewöhnt sind, bei der man über einen längeren Zeitraum still sitzen muss.

Der erste Teil des Fragebogens[1] besteht aus den Fragen 1. bis 4. zu soziodemographischen Merkmalen der Befragten: Geschlecht, Wohnbezirk, Migrationshintergrund sowie Beschäftigung der Eltern. Auch wenn diese Fragen in der Regel an das Ende eines Fragebogens gesetzt werden sollten (vgl. Raithel, S. 76), kommen hier diese Fragen vorweg, da sie erwartungsgemäß von den Kindern am leichtesten beantwortet werden können und sich somit auch gleichzeitig zum „Aufwärmen" eignen. Es ist vermutlich wenig sinnvoll, gleich mit sensibleren oder schwierigeren Fragen zu beginnen. Diese soziodemographischen Merkmale sind insofern von Interesse, dass sie später helfen können, zu untersuchen, ob sich bestimmte Gruppen von Befragten hinsichtlich ihrer Einstellungen gegenüber Ausländern voneinander unterscheiden. Auf eine Frage nach dem Alter wurde verzichtet, da bekannt ist, dass das Alter der Kinder der Klasse allgemein zwischen neun und zehn Jahren liegt. Weitere soziodemographische Merkmale sind für die vorliegende Arbeit nicht von Interesse. Frage 1. ist eine geschlossene Frage nach dem Geschlecht der Kinder, Frage 2. ist eine offene Frage nach dem Wohnbezirk der Kinder – dies vor dem Hintergrund, dass das Einzugsgebiet der Schule nicht nur Prenzlauer Berg umfasst, sondern viele Kinder auch aus anderen Bezirken kommen. Auch die Fragen 3. und 4. nach Migrationshintergrund und Beschäftigung der Eltern sind offene Fragen.

Der zweite Teil des Fragebogens soll die Kinder langsam zum eigentlichen Thema hinführen. Er besteht aus den Fragekomplexen 5. bis 6., die dazu dienen, Auskünfte über die Qualität ihrer Kontakte zu „Ausländern" von den Kindern zu erhalten. Fragekomplex 5. fragt nach Bekanntschaften zu Menschen aus anderen Ländern und

---

[1] Ein Muster befindet sich im Anhang dieser Arbeit.

19

Fragekomplex 6. fragt nach entsprechenden Freundschaften. Diese Fragen könnten am Ende einer weiteren Kategorisierung der Kinder dienen und auch helfen, der Frage nachzugehen, ob Kinder, die in ihrem Umfeld real mit Ausländern in Kontakt stehen, möglicherweise eine positivere Einstellung gegenüber Ausländern haben als andere.

Der dritte Teil des Fragebogens beinhaltet die für die Studie eigentlich am relevantesten zwei Fragen zu den Einstellungen der Kinder. Beides sind geschlossene Fragen. Die Kinder werden in Frage 7. aufgefordert, ihre Meinung zu 14 gängigen Aussagen – positiven wie auch negativen – zu notieren, wofür ihnen zur Bewertung eine dreistufige Ratingskala zur Verfügung steht. Die Stufen der Skala heißen: „Ich finde, das stimmt genau", „Ich finde, das stimmt zum Teil" und „Ich finde, das stimmt gar nicht". Da es sich bei den Probanden um Grundschulkinder handelt, wurde bewusst die Entscheidung getroffen, nur drei Kategorien zur Verfügung zu stellen und auch auf eine „Weiß-nicht"-Kategorie zu verzichten. Weil einige Kinder aber trotzdem an manchen Stellen „weiß nicht" neben die Ratingskala geschrieben haben, anstatt ein Kreuz bei den drei angebotenen Stufen zu setzen, wird bei der Auswertung der Fragebögen zusätzlich eine Kategorie „kein Angabe" eingefügt (siehe *Tabelle 1* und *Tabelle 2* in Kapitel 4.2). Frage 8. stellt sicher für die Kinder die schwierigste Frage dar. Hier werden die Kinder dazu aufgefordert, eine Bewertung von 11 gängigen politischen Losungen bzw. Parolen oder Wahlsprüchen abzugeben, wofür ihnen wieder zur Bewertung eine dreistufige Ratingskala zur Verfügung steht. Die Stufen der Skala heißen: „Den Spruch finde ich gut", „Den Spruch finde ich weniger gut" und „Den Spruch finde ich überhaupt nicht gut".

3.2.2   Indikatoren für fremdenfeindliche Einstellungen

Da es sich bei dem Phänomen der Fremdenfeindlichkeit um ein gesellschaftliches Konstrukt handelt, das nicht konkret fassbar ist, es also gerade bei den fremdenfeindlichen Einstellungen um solche geht, die nicht direkt beobachtbar und damit auch schwer messbar sind, ist es notwendig, im folgenden auch kurz auf die adaptierten Items als Indikatoren für fremdenfeindliche Einstellungen einzugehen, mit deren Hilfe Aussagen über die Qualität fremdenfeindlicher Tendenzen im allgemeinen gemacht werden bzw. diese „indirekt" gemessen werden können. Bei den meist mehr oder weniger klaren, „nicht näher überprüfbaren" (Ganter, S. 19)

20

Indikatoren für fremdenfeindliche Einstellungen, aufgrund derer bestimmte Personen als „fremdenfeindlich" eingestuft werden, orientiert man sich in der Regel an bestimmten Äußerungen (zum Beispiel „Ausländer sollten sich ihre Ehepartner unter ihren eigenen Landsleuten auswählen"), die indirekt als „Hinweise auf eine fremdenfeindliche Tendenz aufgefasst werden" (vgl. Ganter, S. 19).

Vorurteile bzw. allgemeine Tendenzen zur Diskriminierung von „Fremden" werden in der Regel folgendermaßen gemessen: Hier werden den Probanden in einer Befragung – meist in Form eines für alle Befragten gleich aussehenden standardisierten Fragebogens – „vereinheitlichte Einstellungs- und Ratingskalen vorgelegt, die im wesentlichen aus vorformulierten Antwortvorgaben bestehen" (Ganter, S. 20) (vgl. Ganter, S. 20-21; Diekmann, S. 404-405). Vergleicht man dann die Ergebnisse aller befragten Personen hinsichtlich Zustimmung oder Ablehnung gegenüber den vorgegebenen Items auf einer mehrstufigen Einschätzungsskala, erhält man Hinweise bzw. mögliche Anzeichen negativer Einstellungen gegenüber „Fremden", mit deren Hilfe das Ausmaß fremdenfeindlicher Einstellungen innerhalb einer bestimmten Gruppe gemessen werden kann. Trotz möglicher Nachteile eines solchen Verfahrens – so kann es zum Beispiel sein, dass einer der Probanden „seine Einstellung" nicht in der Skala wieder findet – kann man letztlich nur mit Hilfe von einheitlichen Aussageformulierungen und standardisierten Befragungen verallgemeinerbare Einschätzungen über eine größere Gruppe von Menschen treffen (vgl. Ganter, S. 20-21). Die vorformulierten Aussagen bzw. Vorurteile werden dabei aus immer wieder vertretenen Meinungen von Mitgliedern der Bevölkerung gewonnen. Betrachtet man fremdenfeindliche Vorurteile, kann man diese hinsichtlich ihrer Themen wie folgt Kategorisieren: Schmutz und Unreinheit von „Ausländern", soziale Unangepasstheit und unveränderliche „Andersartigkeit", wenn nicht gar „Minderwertigkeit" – dies betrifft zum Beispiel eine andere Kultur, andere Werte, andere Normen – von „Ausländern" sowie eine Bedrohung von Macht- und Statuspositionen oder ähnlichem durch „Ausländer" (vgl. Kleinert, S. 140-143).

3.2.3 Wer ist mit „Ausländer" gemeint?

Auch wenn in der vorliegenden Arbeit von „Fremdenfeindlichkeit" die Rede ist und dieser Begriff bereits von dem Begriff „Ausländerfeindlichkeit" (vgl. Kapitel 1.1) abgegrenzt wurde, wird hier doch häufig von „Ausländern" und „Einstellungen

gegenüber Ausländern" anstatt von „Fremden" gesprochen, da der Begriff „Ausländer" sich mehr am allgemeinen Sprachgebrauch orientiert. Allerdings wird der Begriff gerade im allgemeinen Sprachgebrauch meist ungleich oder zum Teil auch widersprüchlich verwendet. Darum erscheint es wichtig, auch kurz zu klären, wer in der vorliegenden Arbeit mit diesem Begriff genau gemeint ist. Laut Gesetz ist ein Mensch Ausländer, wenn er die Staatsangehörigkeit eines anderen Staates besitzt (aktueller Anteil an deutscher Gesamtbevölkerung: 9 %; Anteil an Berlinbevölkerung: 20 %). Doch im Alltag bzw. im mündlichen Sprachgebrauch spielen bei der Bezeichnung eines Menschen als „Ausländer" auch Kriterien wie ethnische Zugehörigkeit, Geburtsort oder Abstammung eine Rolle. Es wird dabei weniger Wert darauf gelegt, inwieweit der Mensch dann wirklich vom Gesetz her ein Ausländer ist. Bei der vorliegenden Arbeit geht es aber gerade um allgemeine Einstellungen der Bevölkerung, darum schließt der Begriff „Ausländer" hier pauschal auch folgende Personengruppen bzw. Synonyme mit ein: Migranten bzw. „Personen mit Migrationshintergrund", Personen, die einer Ethnie angehören, die Deutschland historisch nicht zugeordnet wird, Personen, die nicht in Deutschland geboren wurden, sowie Personen, die zwar in Deutschland geboren wurden, aber direkte Nachkommen von Ausländern darstellen.

3.2.4   Auswertung des Fragebogens

Die Auswertung der Fragebögen findet nach prozentualer Häufigkeitsverteilung statt. Zunächst werden alle Items einzeln ausgewertet: Es wird durch entsprechende Auszählung aller getroffenen Bewertungen also der prozentuale Anteil der Kinder festgestellt, die einer bestimmten Bewertung eines Items zugestimmt haben. Die Ergebnisse werden neben der Gesamtzahl zusätzlich geschichtet hinsichtlich sozidemografischer Merkmale sowie Freundschaften mit Ausländern, die jeweils einen Einfluss haben können auf die Einstellungen der Kinder. Veranschaulicht werden die Ergebnisse mit Hilfe von Tabellen und Säulendiagrammen (vgl. Kapitel 4.2).

Über die Auswertung jedes einzelnen Items hinaus, wurde zur Beurteilung des Ausmaßes fremdenfeindlicher Einstellungen innerhalb der Klasse ein fünfstufiger Index „Fremdenfeindlichkeit" konstruiert, da man nicht von einer eindeutigen und übereinstimmenden Regel ausgehen kann zur Bestimmung, ab wann jemand als

„fremdenfeindlich" einzustufen ist (vgl. Kleinert, S. 141). Anhand des konstruierten Indexes ist es möglich, den Grad der Fremdenfeindlichkeit zu differenzieren – zwischen den genannten Stufen. Für eine solche Index-Konstruktion werden die im Fragebogen verwendeten Einstellungs-Indikatoren kategorisiert. Dafür stehen die drei Kategorien „ fremdenfeindliche Aussage", „nicht fremdenfeindliche Aussage" und „weniger eindeutig fremdenfeindliche Aussage" zur Verfügung. Den „nicht fremdenfeindlichen Aussagen" wird ein Wert von 0 zugeschrieben, während „weniger eindeutig fremdenfeindlichen Aussagen" ein Wert von 0,5 und den „fremdenfeindlichen Aussagen" ein Wert von 1 zugeteilt wird. Um hier nicht noch einmal alle Aussagen einzeln aufführen zu müssen, wird auf *Tabelle 1* und *Tabelle 2* (vgl. Kapitel 4.2) verwiesen: Allen dort grau schattierten Aussagenbewertungen sowie der „k.A."-Kategorie – diese Kinder konnten mit dem entsprechenden Item nichts anfangen – wird der Wert 0, allen mit „weniger gut" oder „stimmt zum Teil" bewerteten Aussagen wird der Wert 0,5 und allen anderen Aussagenbewertungen wird der Wert 1 zugeordnet. Da die verschiedenen Indikatoren eine unterschiedliche Qualität hinsichtlich ihrer Eindeutigkeit in Richtung „fremdenfeindlich" bzw. „ nicht fremdenfeindlich" aufweisen, wird hier noch darauf hingewiesen, dass für die vorliegende Arbeit all jene Aussagen als fremdenfeindlich gelten, die eine eindeutige Furcht vor „Ausländern" bzw. „Fremden" verdeutlichen, die eine eindeutige Ablehnung gegenüber „Ausländern" verdeutlichen, die eindeutig Intoleranz gegenüber „Fremden" und deren Religionen verdeutlichen – was unter anderem eine Voraussetzung ist für fremdenfeindliche Einstellungen – sowie solche Aussagen, die ein eindeutiges Befürworten von Gewalt zum Ausdruck bringen, sich eindeutig gegen ein friedliches Zusammenleben richten oder eindeutig eine Ausweisung der Ausländer befürworten.

Festgelegt wurde eine Fremdenfeindlichkeitsskala mit Punktwerten von 0 bis 25, deren Stufen wie folgt lauten:

    0 = „gar nicht fremdenfeindlich" (0 Punkte)

    1 = „kaum fremdenfeindlich" (0,5 bis 5,0 Punkte)

    2 = „etwas fremdenfeindlich" (5,5 bis 10,0 Punkte)

    3 = „mittelstark fremdenfeindlich" (10,5 bis 15,0 Punkte)

    4 = „stark fremdenfeindlich" (15,5 bis 20,0 Punkte)

    5 = „sehr stark fremdenfeindlich" (20,5 bis 25,0 Punkte)

23

Bei der Betrachtung einzelner Merkmale, die möglicherweise einen Einfluss auf die Einstellungen der Kinder haben können, wurde dann nur noch mit dem konstruierten Index gearbeitet und nicht mehr jedes einzelne Item als Indikator herangezogen.

3.3 Die Untersuchungspopulation und das Untersuchungsfeld

Bei den Befragten handelt es sich um 26 Kinder (davon 17 Mädchen und 9 Jungen) einer vierten Grundschulklasse im Berliner Bezirk Pankow (Ortsteil Prenzlauer Berg). Das durchschnittliche Alter der Kinder beträgt neun bis zehn Jahre. Acht der Kinder haben einen Migrationshintergrund, d.h. mindestens ein Elterteil ist nicht in Deutschland geboren – fünf Elternteile kommen aus dem europäischen Ausland, drei kommen aus Afrika und ein Elterteil kommt aus Indien. Für die Auswahl der Klasse war letztlich der bereits vorhandene Kontakt zu der in der Klasse unterrichtenden Lehrerin, die sich mit einer Befragung ihrer Klasse rasch einverstanden erklärte, entscheidend.

Bei der im Rahmen der vorliegenden Arbeit durchgeführten Untersuchung handelt es sich um eine Querschnittstudie in Form einer einmaligen schriftlichen Gruppenbefragung (Schulklassenbefragung) während der Zeit einer Unterrichtsstunde in Anwesenheit der Lehrerin und der Untersuchungsleiterin. Für die Erhebung unter den Kindern musste zunächst die Einverständniserklärung der Eltern eingeholt werden, was immer einen gewissen zusätzlichen Zeitaufwand bedeutet gegenüber Erhebungen unter Erwachsenen. Ein Verschicken der Fragebögen an die Familienadresse der Kinder wurde von vornherein ausgeschlossen, da beim Ausfüllen der Bögen durch die Kinder zu Hause die große Gefahr besteht, dass die Eltern den Kindern „über die Schulter schauen" und die Kinder möglicherweise beim Antworten beeinflussen mit ihren eigenen Einstellungen. Die Gruppenbefragung in Anwesenheit der Untersuchungsleiterin hat außerdem den Vorteil, dass evtl. Fragen der Kinder sofort beantwortet werden können, und gleichzeitig auch kontrolliert werden kann, dass sich weder die Kinder gegenseitig beeinflussen beim Ausfüllen der Fragebögen noch die Lehrerin möglicherweise Einfluss auf die Kinder nimmt. Letztlich wird auch das mit einer postalischen Befragung verbundene Risiko, dass einige Bögen möglicherweise

unbeantwortet bleiben, umgangen.

Der Ortsteil Prenzlauer Berg (Bezirk Pankow), in dem die Schule der Klasse liegt, gehört zum ehemaligen Ost-Teil der Stadt. Die dort lebende Bevölkerung umfasst aktuell knapp 143.360 Einwohner. Die Bevölkerungsdichte pro Quadratkilometer ist eine der höchsten in Berlin. In den letzten zwei Jahrzehnten (seit der Wende 1989) wuchs hier die Anzahl ausländischer Bewohner kontinuierlich, und der Ausländeranteil Prenzlauer Bergs liegt heute bei 11,1 %. Für Ostberliner Verhältnisse ist dies zwar viel, andere Berliner Gebiete haben aber noch höhere Ausländeranteile (zum Beispiel Kreuzberg oder Wedding mit über 30 %). Hinsichtlich Altersstruktur leben in Prenzlauer Berg relativ viele junge Menschen (vor allem Personen zwischen 20 und 44 Jahren).

25

4 Darstellung der Ergebnisse der Befragung

4.1 Ablauf der Befragung

Die Erhebung fand am Freitag, den 31. August 2007, in der Zeit von 11.40 Uhr bis 12.20 Uhr statt. Von 34 Kindern, die eigentlich befragt werden sollten, waren zwei Kinder krank und hatten vier nicht die Erlaubnis ihrer Eltern, an der Befragung teilzunehmen. Eines der teilnehmenden Kinder durfte nur unter der Voraussetzung teilnehmen, keine Angaben zu ihrer Familie machen zu müssen. Dieses Kind hat die entsprechenden Fragen zum Geburtsland und zur Beschäftigung der Eltern aus diesem Grunde nicht beantwortet. Während der Befragung waren die Klassenlehrerin sowie die Kinder, die nicht an der Befragung teilnehmen durften, und auch ich als Untersuchungsleiterin mit im Raum. Die nicht teilnehmenden Kinder wurden in einem abgegrenzten Teil des Raumes von der Lehrerin beschäftigt, damit sie die anderen Kinder, die an der Befragung teilnahmen, nicht stören konnten. Bevor die Kinder die Fragebögen erhielten und damit die Befragung begann, fand ein einleitendes Gespräch zwischen den Kindern und mir statt. Ich erklärte den Kindern genau, was sie zu tun haben. Um sicher zu gehen, dass die Kinder die Begriffe, die im Fragebogen auftauchen, auch mehr oder weniger verstehen, schrieb ich Begriffe wie „kriminell", „links", „rechts" oder ähnliche für die Kinder schwierige Begriffe an die Tafel und tauschte mich anschließend mit ihnen über ihr Verständnis der Begriffe aus. Somit konnte ich in gewissem Maße sicher gehen, dass die Kinder Items nicht „falsch" bewerten, weil sie die enthaltenen Begriffe nicht verstehen. Während der anschließenden Befragung stand ich den Kindern weiterhin zur Verfügung, falls Fragen oder Probleme beim Ausfüllen auftraten. Für das Ausfüllen der Fragebögen benötigten die Kinder insgesamt knapp 30 Minuten Zeit, das entsprach in etwa meinen Erwartungen. Für den Fragebogenteil mit den Fragen zu soziodemografischen Merkmalen brauchten die Kinder verhältnismäßig viel Zeit, da sie bei einigen Worten nicht wussten, wie die geschrieben werden, oder sie sich nicht sicher waren, wie die genaue Berufsbezeichnung der Elternteile ist. Ich half vielen Kindern hier bei der Formulierung oder der Rechtschreibung. Mit folgenden Items zu Frage 7. hatten die Kinder offensichtlich Schwierigkeiten: „Menschen aus dem Ausland geht es in Deutschland viel schlechter als den Deutschen" und „Ausländer

nehmen den Deutschen die Arbeitsplätze weg". Viele Kinder sagten zu mir: „Aber das kann ich doch gar nicht beurteilen". Zwei Kinder machten bei jeweils einem dieser Items auch kein Kreuz, sondern schrieben „weiß nicht" an den Rand. Aus diesem Grunde wurde von mir in die Tabelle des nachfolgenden Abschnitts noch eine Kategorie „k.A." für „keine Angabe" eingefügt. Die anderen Kinder versuchten aber, sich auch bei diesen beiden für sie schwierigen Items zu positionieren. In Bezug auf Frage 8. gab es für die Kinder große Schwierigkeiten mit dem Item „Hier reagiert der Nationale Widerstand!". Kaum ein Kind verstand, was damit gemeint ist, so dass viele Kinder mit der Frage zu mir kamen, was das bedeutet. Auch bei den Kindern, die nicht zu mir kamen, um zu fragen, was damit gemeint ist, muss ich davon ausgehen, dass sie ihr Kreuz ohne Wissen über die genaue Bedeutung einfach „nach Gefühl" setzten. Ähnlich verhält es sich mit dem Item „Deutschland muss sauber bleiben!" Ich hatte den Eindruck, dass viele Kinder die Bewertung „Den Spruch finde ich gut" ankreuzten, einfach nur, weil das Wort „sauber" für sie etwas Gutes impliziert – dass unser Land halt von „Dreck" oder „Müll" befreit sein sollte – und nicht, weil sie wissen, was mit diesem Slogan wirklich gemeint ist.

4.2 Gesamtüberblick über die Ergebnisse der Erhebung[2]

Vorab einige Hinweise zu *Tabelle 1* und *Tabelle 2* auf den folgenden Seiten:

- Itembewertungen, zu denen es keine einzige Zustimmung gab (zum Beispiel kreuzte niemand „Ich finde, das stimmt genau" bei Item „Ausländer nehmen den Deutschen die Arbeitsplätze weg" an), sind aus Gründen der besseren Übersicht nicht in der Tabelle enthalten.

- Eine Spalte „Beide Elternteile ohne Beschäftigung" existiert nicht, da keines der befragten Kinder einer solchen Kategorie zuzuordnen ist – immer mindestens ein Elternteil der Kinder ist berufstätig.

- Bei Interesse an der Kinderanzahl, die hinter jeder einzelnen Prozentangabe steht, finden sich im Anhang Auswertungstabellen mit entsprechender absoluter Häufigkeitsverteilung.

---

[2] Alle Tabellen und Diagramme finden sich zusätzlich noch einmal in vergrößertem Format in der Anlage.

27

Tabelle 1: Gesamtüberblick über die Ergebnisse von Frage 7.

Items zu Frage 7		Gesamt	Geschlecht		Migrationshintergrund		Berufstätigkeit der Eltern		Ausländer zum Freund	
			Junge	Mädchen	ohne	mit	beide	nur einer	Ja	Nein
1. Es ist nicht gut, viele Ausländer in Deutschland zu haben, weil sie oft unangenehm sind.	stimmt zum Teil	23%	11%	29%	23%	13%	17%	29%	18%	33%
	stimmt gar nicht	77%	89%	71%	76%	88%	83%	71%	82%	67%
2. Ausländer kommen nur nach Deutschland, um die Deutschen auszunutzen.	stimmt zum Teil	15%	11%	18%	18%	13%	11%	29%	18%	11%
	stimmt gar nicht	85%	89%	82%	82%	88%	89%	71%	82%	89%
3. Die Deutschen sind keine besseren Menschen als die hier lebenden Ausländer.	stimmt genau	58%	44%	65%	65%	50%	56%	71%	71%	33%
	stimmt zum Teil	23%	33%	18%	12%	38%	22%	14%	18%	22%
	stimmt gar nicht	19%	22%	18%	24%	13%	22%	14%	6%	44%
4. Menschen aus dem Ausland geht es in Deutschland viel schlechter als den Deutschen.	stimmt genau	4%	11%		6%		6%		6%	
	stimmt zum Teil	65%	78%	59%	82%	38%	67%	71%	59%	78%
	stimmt gar nicht	27%	11%	35%	6%	63%	22%	29%	29%	22%
	k. A.	4%		6%	6%		6%		6%	
5. Ausländer nehmen den Deutschen die Arbeitsplätze weg.	stimmt zum Teil	19%	22%	18%	24%	13%	17%	29%	18%	22%
	stimmt gar nicht	77%	78%	76%	71%	88%	78%	71%	76%	78%
	k. A.	4%		6%	6%		6%		6%	
6. Ausländische Menschen sollten nicht schlechter behandelt werden als Deutsche.	stimmt genau	73%	89%	65%	88%	50%	72%	86%	71%	78%
	stimmt zum Teil	12%	11%	12%	6%	25%	17%		12%	11%
	stimmt gar nicht	15%		24%	6%	25%	11%	14%	18%	11%
7. Ich finde es gut mit ausländischen Schülern in einer Klasse zu lernen.	stimmt genau	62%	44%	71%	53%	88%	56%	86%	76%	33%
	stimmt zum Teil	35%	56%	24%	41%	13%	39%	14%	24%	56%
	stimmt gar nicht	4%		6%	6%		6%			11%
8. Ausländer sollten nur eine kurze Zeit bei uns arbeiten und dann in ihre Heimat zurückkehren.	stimmt zum Teil	23%	22%	24%	24%	25%	33%		24%	22%
	stimmt gar nicht	77%	78%	76%	76%	75%	67%	100%	76%	78%
9. Ich gehe Menschen mit einer anderen Hautfarbe lieber aus dem Weg.	stimmt genau	4%	11%		6%		6%		6%	
	stimmt zum Teil	23%	22%	24%	24%	13%	22%	14%	18%	33%
	stimmt gar nicht	73%	78%	71%	71%	88%	78%	71%	76%	67%
10. Ausländer muss man aktiv verteidigen, wenn jemand sie bedroht oder beschimpft.	stimmt genau	62%	56%	65%	70%	25%	61%	57%	71%	44%
	stimmt zum Teil	35%	44%	29%	24%	63%	33%	43%	29%	44%
	stimmt gar nicht	4%		6%	6%	13%	6%			11%
11. Menschen aus dem Ausland sind krimineller als Deutsche.	stimmt zum Teil	31%	33%	29%	29%	25%	28%	43%	35%	22%
	stimmt gar nicht	65%	67%	65%	59%	75%	67%	57%	65%	67%
12. Menschen mit einer anderen Hautfarbe machen mir Angst.	stimmt zum Teil	23%	33%	18%	29%		22%	14%	18%	33%
	stimmt gar nicht	77%	67%	82%	71%	100%	78%	86%	82%	67%
13. Es ist gut mit ausländischen Kindern die Freizeit zu verbringen.	stimmt genau	31%	33%	29%	18%	50%	11%	71%	35%	22%
	stimmt zum Teil	54%	56%	53%	71%	25%	67%	29%	53%	56%
	stimmt gar nicht	15%	11%	18%	12%	25%	22%		12%	22%
14. Ausländischen Menschen kann man genauso vertrauen wie Deutschen.	stimmt genau	69%	44%	82%	71%	63%	72%	57%	76%	56%
	stimmt zum Teil	31%	56%	18%	29%	38%	28%	43%	24%	44%

28

Diagramm 1.a: Gesamtübersicht zu Frage 7., Item 1.-7.

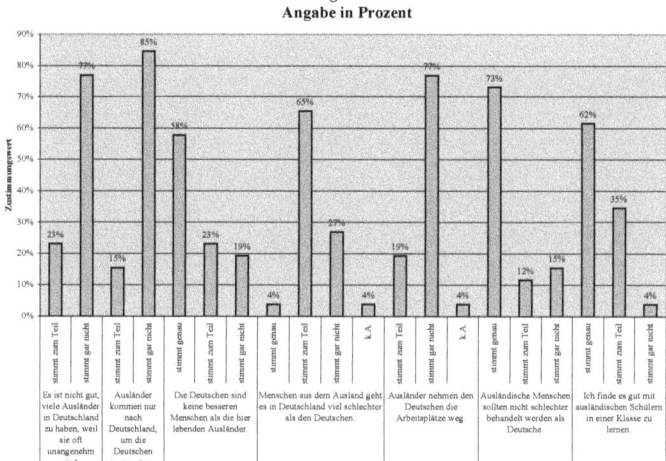

Diagramm 1.b: Gesamtübersicht zu Frage 7., Item 8.-14.

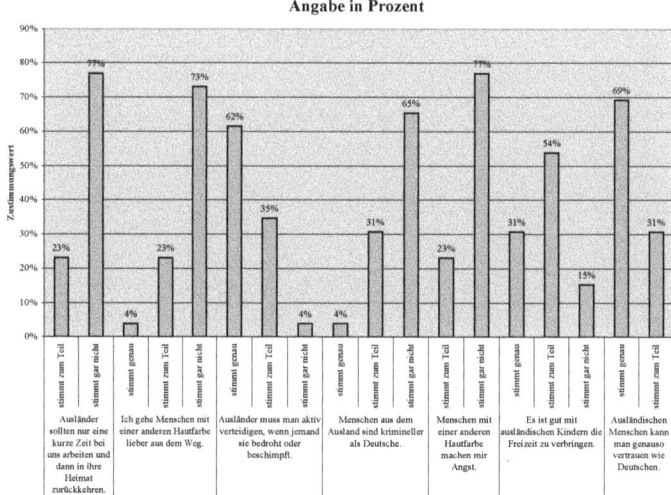

Tabelle 2: Gesamtüberblick über die Ergebnisse von Frage 8.

Items zu Frage 8		Gesamt	Geschlecht		Migrationshintergrund		Berufstätigkeit der Eltern		Ausländer zum Freund	
			Junge	Mädchen	ohne	mit	beide	nur einer	Ja	Nein
1. Ausländer raus!	weniger gut	4%		6%	6%			14%	6%	
	überhaupt nicht gut	96%	100%	94%	94%	100%	100%	86%	94%	100%
2. Nein zum Islam!	weniger gut	23%	33%	18%	29%	13%	22%	29%	29%	11%
	überhaupt nicht gut	77%	67%	82%	71%	88%	78%	71%	71%	89%
3. Frieden an die Macht!	gut	92%	78%	100%	94%	88%	94%	86%	100%	78%
	weniger gut	4%	11%		6%	13%		14%		11%
	überhaupt nicht gut	4%	11%		6%		6%			11%
4. Hier reagiert der Nationale Widerstand!	gut	12%	11%	12%	12%	13%	6%	43%	12%	11%
	weniger gut	19%	33%		24%		28%		12%	33%
	überhaupt nicht gut	65%	56%	71%	59%	75%	67%	57%	71%	56%
	k.A.	4%		6%	6%		6%		6%	
5. Deutschland den Deutschen!	gut	8%		12%	6%	13%	6%	14%	12%	
	weniger gut	35%	56%	24%	35%	38%	39%	29%	35%	33%
	überhaupt nicht gut	58%	44%	65%	59%	50%	56%	57%	53%	67%
6. Geht Frieden eine Chance!	gut	92%	100%	88%	100%	79%	94%	86%	94%	89%
	überhaupt nicht gut	8%		12%		25%	6%	14%	6%	11%
7. Links tut gut!	gut	65%	89%	53%	59%	75%	72%	43%	59%	78%
	weniger gut	23%	11%	29%	29%	13%	17%	43%	29%	11%
	überhaupt nicht gut	12%	22%	18%	12%	13%	11%	14%	12%	11%
8. Deutschland muss sauber bleiben!	gut	38%	56%	29%	41%	25%	22%	71%	24%	67%
	weniger gut	15%		18%	12%	25%	22%		24%	
	überhaupt nicht gut	46%	33%	53%	47%	50%	56%	29%	53%	33%
9. Nazis raus!	gut	65%	78%	59%	71%	63%	67%	71%	53%	89%
	weniger gut	15%		24%	6%	25%	17%	17%	24%	
	überhaupt nicht gut	19%	22%	18%	24%	13%	17%	29%	24%	11%
10. Schlagt die linken Spinner!	gut	12%	22%	18%	24%	13%	6%	29%	18%	11%
	weniger gut	8%		12%	6%		6%		6%	
	überhaupt nicht gut	81%	78%	71%	82%	82%	89%	57%	76%	89%
11. Mut gegen rechte Gewalt!	gut	63%	78%	59%	71%	50%	67%	57%	76%	56%
	weniger gut	15%	11%	18%	18%	13%	17%	14%	6%	33%
	überhaupt nicht gut	19%	11%	24%	12%	38%	17%	29%	24%	11%

Anne-Kathrin Busè
SS 2007, Grundschulpädagogik, Modul: „Bachelorarbeit"

Diagramm 2: Gesamtübersicht zu Frage 8.

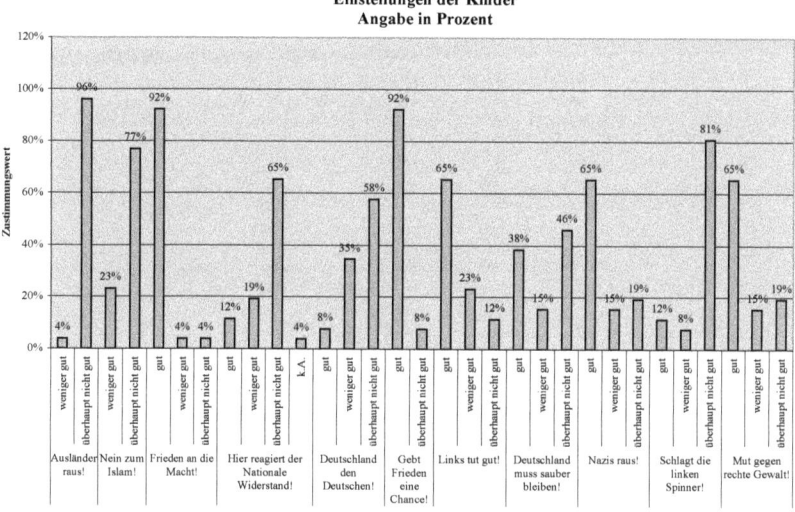

**Einstellungen der Kinder
Angabe in Prozent**

Bei näherer Betrachtung der Einstellungen der Kinder zu den einzelnen Items zeigt sich eindeutig ein Trend in Richtung „nicht fremdenfeindlich". Auch wenn 1/4 der Kinder offensichtlich Angst vor Menschen anderer Hautfarbe hat und auch 1/4 der Kinder diesen lieber aus dem Wege geht, sind doch auffallend viele Kinder der Meinung, dass fremdenfeindliche Items wie „Ausländer kommen nur nach Deutschland, um die Deutschen auszunutzen", „Ausländer nehmen den Deutschen die Arbeitsplätze weg", „Menschen mit einer anderen Hautfarbe machen mir Angst" oder auch „Es ist nicht gut, viele Ausländer in Deutschland zu haben" gar nicht stimmen. So gut wie alle Kinder sprechen sich sogar klar und deutlich gegen die Aussage „Ausländer raus!" aus. Die klare Befürwortung der Items „Frieden an die Macht!" und „Gebt Frieden eine Chance!" durch jeweils insgesamt 92 % der Kinder zeigt auch klar das allgemeine Interesse der Kinder an einem friedlichen Zusammenleben.

4.3 Fremdenfeindliche Einstellungen innerhalb der Klasse

Tabelle 3: Gesamtverteilung für den Index „Fremdenfeindlichkeit"

Index "Fremdenfeindlichkeit"	Gesamt	Geschlecht		Migrations-hintergrund		Berufstätigkeit der Eltern		Ausländer als Freund	
		Junge	Mädchen	ohne	mit	beide	nur einer	Ja	Nein
0 gar nicht fremdenfeindlich									
1 kaum fremdenfeindlich	54%	44%	59%	53%	63%	53%	67%	59%	44%
2 etwas fremdenfeindlich	46%	56%	41%	47%	38%	47%	33%	41%	56%
3 mittelstark fremdenfeindlich									
4 stark fremdenfeindlich									
5 sehr stark fremdenfeindlich									

Diagramm 3: Gesamtausmaß für den Index „Fremdenfeindlichkeit"

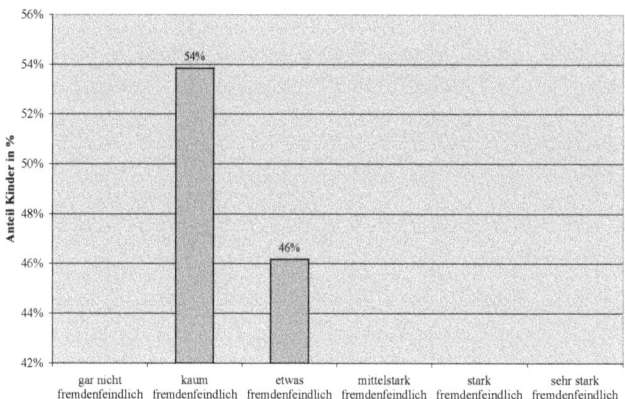

Durch die Auswertung der Kindereinstellungen nach dem Index „Fremdenfeindlichkeit" wird der erwartete Trend in Richtung „nicht fremdenfeindlich" (vgl. vorigen Abschnitt) im Großen und Ganzen bestätigt. Weniger als die Hälfte der Kinder wird hier als „etwas fremdenfeindlich" eingestuft, der Rest als „kaum fremdenfeindlich". Zwar ist bemerkenswert, dass gar kein Kind als „gar nicht fremdenfeindlich" eingestuft werden konnte, doch auch mittelstark bis sehr stark fremdenfeindliche Einstellungen kommen bei den Kindern nicht vor.

32

4.4 Betrachtung einzelner Merkmale

Im Folgenden sollen die Unterschiede in den fremdenfeindlichen Einstellungen der Kinder hinsichtlich der Merkmale Geschlecht, Migrationshintergrund, Beschäftigungssituation der Eltern sowie Freundschaft mit Ausländern näher betrachtet werden. Die Merkmale Wohnbezirk sowie Bekanntschaft mit Ausländern, die im Fragebogen ebenso abgefragt wurden, werden bei dieser Betrachtung nicht berücksichtigt, da sich herausstellte, dass zum einen nur zwei der befragten Kinder tatsächlich nicht in Prenzlauer Berg wohnen, und zum anderen die Frage nach der Bekanntschaft mit Ausländern von den Kindern nicht wie beabsichtigt verstanden wurde: Die Kinder dachten hier, es ginge darum, ob sie Ausländer <u>in Berlin</u> kennen. Somit gaben manche Kinder, obwohl sie gleichzeitig angaben, mit einem Ausländer befreundet zu sein, bei der Frage nach Bekanntschaften an, keinen Ausländer zu kennen. Bei Betrachtung dieses Merkmals wäre also mit einer Ergebnisverzerrung zu rechnen.

4.4.1 Index „Fremdenfeindlichkeit" und Geschlecht

Diagramm 4: Ausmaß „Fremdenfeindlichkeit" abhängig vom Geschlecht

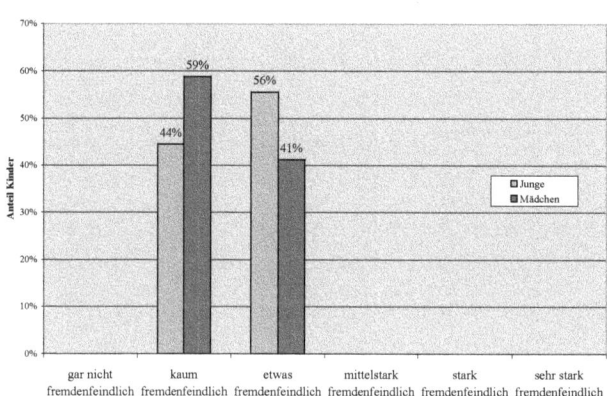

33

Auffallend ist der große Unterschied in den Einstellungen zwischen den Mädchen und den Jungen: Der Anteil der „etwas fremdenfeindlich" eingestellten Jungen macht 15 Prozentpunkte mehr aus als der Anteil der „etwas fremdenfeindlich" eingestellten Mädchen. Jungen tendieren hier also klar dazu, fremdenfeindlicher zu sein als Mädchen. In der Literatur zum Phänomen Fremdenfeindlichkeit stellen sich die Ergebnisse oftmals anders dar: Auch wenn Männer dazu tendieren, etwas fremdenfeindlicher eingestellt zu sein als Frauen, so sind die Unterschiede relativ gering – meist um die drei Prozentpunkte. Das Geschlecht hat dort offensichtlich kaum einen Einfluss auf fremdenfeindliche Einstellungen (vgl. Decker/Brähler, S. 48; Silbermann/Hüsers, S. 45-46; Ganter, S. 60).

4.4.2 Index „Fremdenfeindlichkeit" und Migrationshintergrund

Diagramm 5: Ausmaß „Fremdenfeindlichkeit" abhängig vom Migrationshintergrund

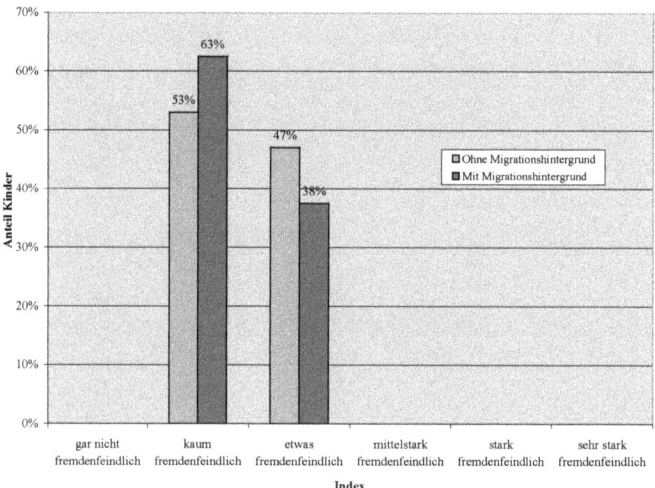

Dieses Ergebnis entspricht den Erwartungen, dass ein persönlicher Kontakt zu „Ausländern" eine positivere Einstellung ihnen gegenüber fördert. Kinder mit Migrationshintergrund tendieren dazu, weniger fremdenfeindlich zu sein als Kinder ohne familiären Bezug zu Ausländern.

4.4.3 Index „Fremdenfeindlichkeit" und Beschäftigungssituation der Eltern

Diagramm 6: Ausmaß „Fremdenfeindlichkeit" abhängig von der Beschäftigungssituation der Eltern

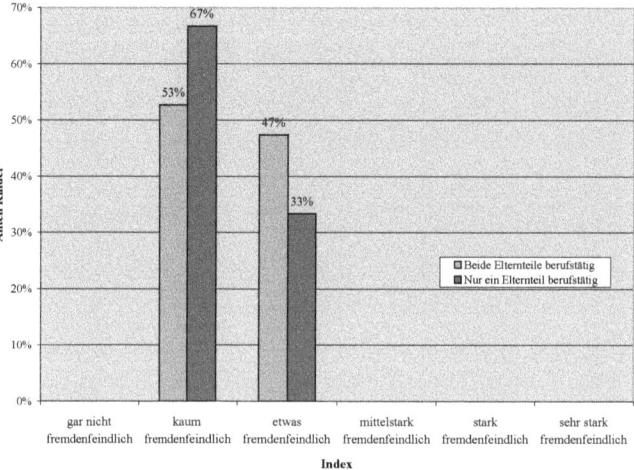

Bemerkenswert ist hier, dass Kinder, deren Elternteile beide berufstätig sind, offenbar dazu tendieren, fremdenfeindlicher eingestellt zu sein als die Kinder, von denen nur ein Elternteil berufstätig ist. Vor dem Hintergrund, dass in anderen Studien (vgl. z.B. Decker/Brähler, S. 48-49) häufig eine Verbindung zwischen Arbeitslosigkeit und Fremdenfeindlichkeit festgestellt wird, ist dieses Ergebnis recht erstaunlich, da es genau das Gegenteil zeigt: Mit dem für die vorliegende Arbeit gewonnenen Ergebnis wird eher die These unterstützt, dass alle Schichten von dem Phänomen betroffen sind und nicht nur spezielle Randgruppen (vgl. Kapitel 1.2.2).

4.4.4 Index „Fremdenfeindlichkeit" und Freundschaften mit Ausländern

Diagramm 7: Ausmaß „Fremdenfeindlichkeit" abhängig von Freundschaften mit Ausländern

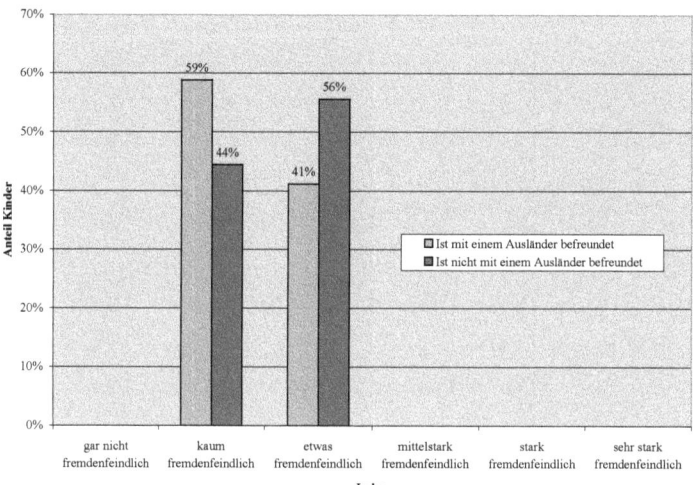

Hier zeigt sich erwartungsgemäß – ähnlich wie bei der Betrachtung des Migrationshintergrundes –, dass Kinder, die persönliche Kontakte zu „Ausländern" haben, dazu tendieren, weniger fremdenfeindlich zu sein, als Kinder ohne diese Kontakte.

5 Schlussgedanken

Berücksichtigt man die der vorliegenden Arbeit zugrunde liegende wissenschaftliche Fragestellung, zeigen die Ergebnisse der empirischen Untersuchung sehr klar, dass kein einziges Kind als eindeutig „nicht fremdenfeindlich" gelten kann. Aber die fremdenfeindlichen Tendenzen, die sich in den Einstellungen der Kinder tatsächlich zeigen, erreichen lediglich ein Ausmaß von „kaum fremdenfeindlich" bis höchstens „etwas fremdenfeindlich". Hinsichtlich der Merkmale Geschlecht, Migrationshintergrund, Beschäftigungssituation der Eltern und Freundschaften zu Ausländern zeigen die Ergebnisse, dass alle Variablen durchaus einen Einfluss auf die Einstellungen gegenüber Ausländern haben. Gerade der positive Einfluss von Kontakten zu Ausländern auf die Einstellungen der Kinder wird mit den Ergebnissen deutlich. Die durchaus vorhandenen „etwas fremdenfeindlichen" Einstellungen der Kinder sind sicherlich nicht gerade erschreckend, doch sie bestätigen, dass Kinder „Ausländer" bzw. „Fremde" tatsächlich als anders wahrnehmen und zum Teil Menschen mit anderer Hautfarbe sogar lieber aus dem Weg gehen. Für die pädagogische Arbeit in der Grundschule heißt das, dass die Themen „kulturelle Vielfalt", „Ausländer" und auch „Fremdenfeindlichkeit" bei den Kindern auf alle Fälle stärker berücksichtigt werden sollten, vor allem vor dem Hintergrund, dass in einer multikulturellen Gesellschaft immer Kinder unterschiedlicher Kulturen zusammen in der Schule lernen. In diesem Zusammenhang stellt gerade der positive Einfluss von Freundschaften mit Ausländern einen Ansatzpunkt für die pädagogische Arbeit in der Schule dar. Die Tatsache, dass „ausländische" Kinder gemeinsam mit deutschen Kindern in einer Klasse lernen, muss man sich als Pädagoge zunutze machen oder gar als Chance sehen, um die Einstellungen der Kinder gegenüber Ausländern positiv zu beeinflussen oder Missverständnisse zu vermeiden, die zwangsläufig entstehen können, wenn unterschiedliche Kulturen aufeinander treffen. Bei der Arbeit in der Schule sollten nicht nur Sachinformationen über „Ausländer in Deutschland" oder auch „Fremdenfeindlichkeit" vermittelt werden, sondern die aktiv-kritische Auseinandersetzung mit den Themen bei den Kindern gefördert werden. So sollten die Themen zum Beispiel auch von einer philosophischen bzw. „nachdenklichen" Seite mit den Kindern betrachtet werden. Gerade auch die Berichterstattung der Medien über „Fremde" sollte dabei berücksichtigt werden, weil

sie oftmals Vorurteile über Ausländer verstärkt und die Medien im Leben der Kinder heute stark präsent sind.

Sicherlich stellen die Themen „Ausländer" und „Fremdenfeindlichkeit" gerade für Lehrer eine Schwierigkeit dar und werden auch oft vermieden, weil es sehr sensible Themen sind. Aber gerade in der Grundschule muss man beginnen, bei den Kindern ein kritisches und reflexives Denken zu fördern. Auch mit Grundschulkindern kann man schon über spezielle Schicksale sprechen und sie zum Perspektivwechsel auffordern. Man kann sie auch motivieren, zum Beispiel Brieffreundschaften mit Kindern aus anderen Ländern zu knüpfen – gerade Schreibanfänger freuen sich über jeden Anlass, etwas schreiben zu können. Es geht letztlich darum, den Kindern interkulturelle Kompetenz zu vermitteln, mit dem Ziel der Erziehung zu Einfühlungsvermögen, kulturellem Respekt und Solidarität. Eine solche interkulturelle Kompetenz erlangt man nicht einfach automatisch, weil man mit Kindern anderer Kulturen in einer Klasse zusammen lernt – dies zeigen auch die Ergebnisse der empirischen Untersuchung – sondern dazu bedarf es der Hilfe durch Erwachsene. Ein Lehrer sollte seine Schüler beobachten und einschätzen können, wie gut sich die Kinder unterschiedlicher Kulturen in seiner Klasse verstehen und dann möglicherweise bei den Differenzen oder auch bei den Gemeinsamkeiten ansetzen. Bei der interkulturellen Erziehung müssen vom Lehrer vor allem auch die Eltern stark mit einbezogen werden.

38

6 Literaturverzeichnis

BUTTERWEGGE, C. (1996). *Rechtsextremismus, Rassismus und Gewalt. Erklärungsmodelle in der Diskussion.* Darmstadt: Wissenschaftliche Buchgesellschaft.

DECKER, O./BRÄHLER, E. (2006). *Vom Rand zur Mitte. Rechtsextreme Einstellungen und ihre Einflussfaktoren in Deutschland.* Berlin: Friedrich Ebert Stiftung.

DIEKMANN, A. (2007). *Empirische Sozialforschung. Grundlagen, Methoden, Anwendungen.* 17. Auflage. Reinbek: Rowohlts Enzyklopädie.

GANTER, S. (1999). *Ursachen und Formen der Fremdenfeindlichkeit in der Bundesrepublik Deutschland.* Electronic ed. Bonn: FES Library. http://library.fes.de/ fulltext/asfo/00256toc.htm (Aufruf: 06.08.2007)

HOLTMANN, E. (2001). Sozialwissenschaftliche Erklärungsansätze zum Thema „Gewalt und Fremdenfeindlichkeit". In: *Potsdamer Beiträge zur Sozialforschung,* Nr. 12.

KLEINERT, C. (2004). *Fremdenfeindlichkeit. Einstellungen junger Deutscher zu Migranten.* Wiesbaden: Verlag für Sozialwissenschaften.

RAITHEL, J. (2006). *Quantitative Forschung. Ein Praxiskurs.* Wiesbaden: VS Verlag für Sozialwissenschaften.

SCHÖNECK, N./VOß, W. (2005). *Das Forschungsprojekt. Planung, Durchführung und Auswertung einer quantitativen Studie.* Wiesbaden: VS Verlag für Sozialwissenschaften.

SILBERMANN, A./HÜSERS, F. (1995). *Der „normale" Haß auf die Fremden – Eine sozialwissenschaftliche Studie zu Ausmaß und Hintergründen von Fremdenfeindlichkeit in Deutschland.* München: Quintessenz.

WAHL, K. (2006). Gibt es mögliche Vorläufer für Rechtsextremismus und Fremdenfeindlichkeit, die sich bereits im Kindergarten- und Grundschulalter zeigen? In: Rieker, Peter (Hrsg.): *Der frühe Vogel fängt den Wurm!? Soziales Lernen und Prävention von Rechtsextremismus und Fremdenfeindlichkeit in Kindergarten und Grundschule* (S. 5-18). Halle: Deutsches Jugendinstitut e.V.

WITTICH, D. (2004). Fremdenfeindlichkeit in Deutschland. Eine empirisch-soziologische Annäherung. In: *UTOPIE kreativ,* Heft 160, S. 128-136.

39

7 Rechtliche Erklärung

Hiermit versichere ich, dass ich die Arbeit selbständig verfasst und keine anderen als die angegebenen Hilfsmittel benutzt habe. Diese Erklärung gilt auch für die Erstellung des Fragebogens.

Weiterhin versichere ich, dass es sich bei der vorliegenden Arbeit um die erstmalige Einreichung einer Bachelorarbeit durch mich handelt.

Berlin, den 17.09.2007

_____

Anne-Kathrin Busè

8 Anhang

Auf den nachfolgenden Seiten findet sich folgender Anhang:

8.1 Tabellen und Diagramme

8.2 Fragebogen-Muster

Diagramm 1.a: Gesamtübersicht zu Frage 7., Item 1.-7.

Einstellungen der Kinder
Angabe in Prozent

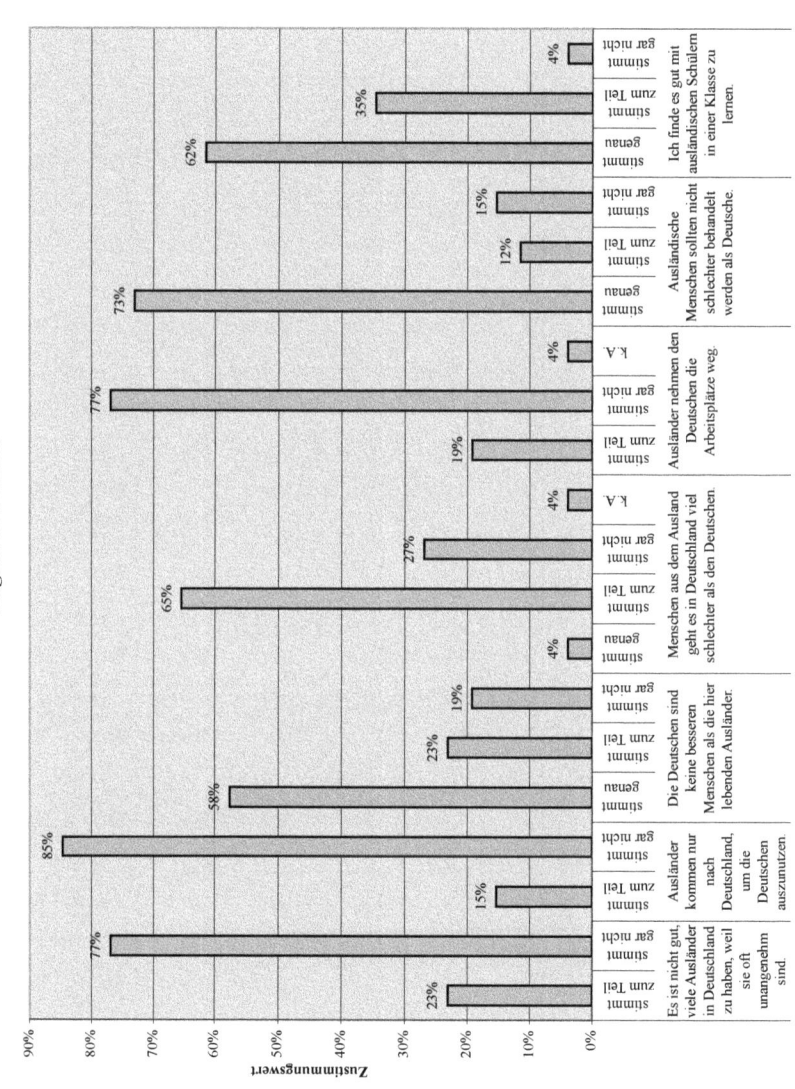

Anne-Kathrin Busè
SS 2007, Grundschulpädagogik, Modul: "Bachelorarbeit"

Diagramm 1.b: Gesamtübersicht zu Frage 7., Item 8.-14.

Einstellungen der Kinder
Angabe in Prozent

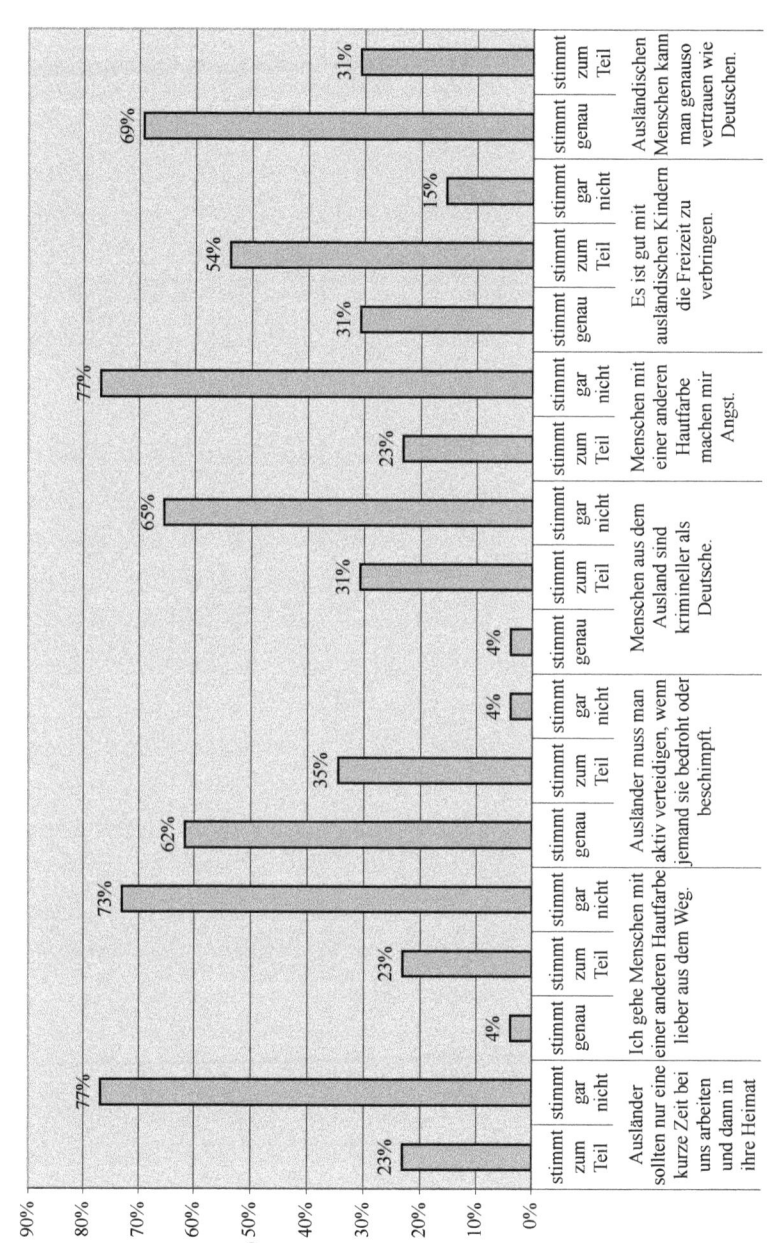

Anne-Kathrin Buse
SS 2007, Grundschulpädagogik, Modul: "Bachelorarbeit"

Diagramm 2: Gesamtübersicht zu Frage 8.

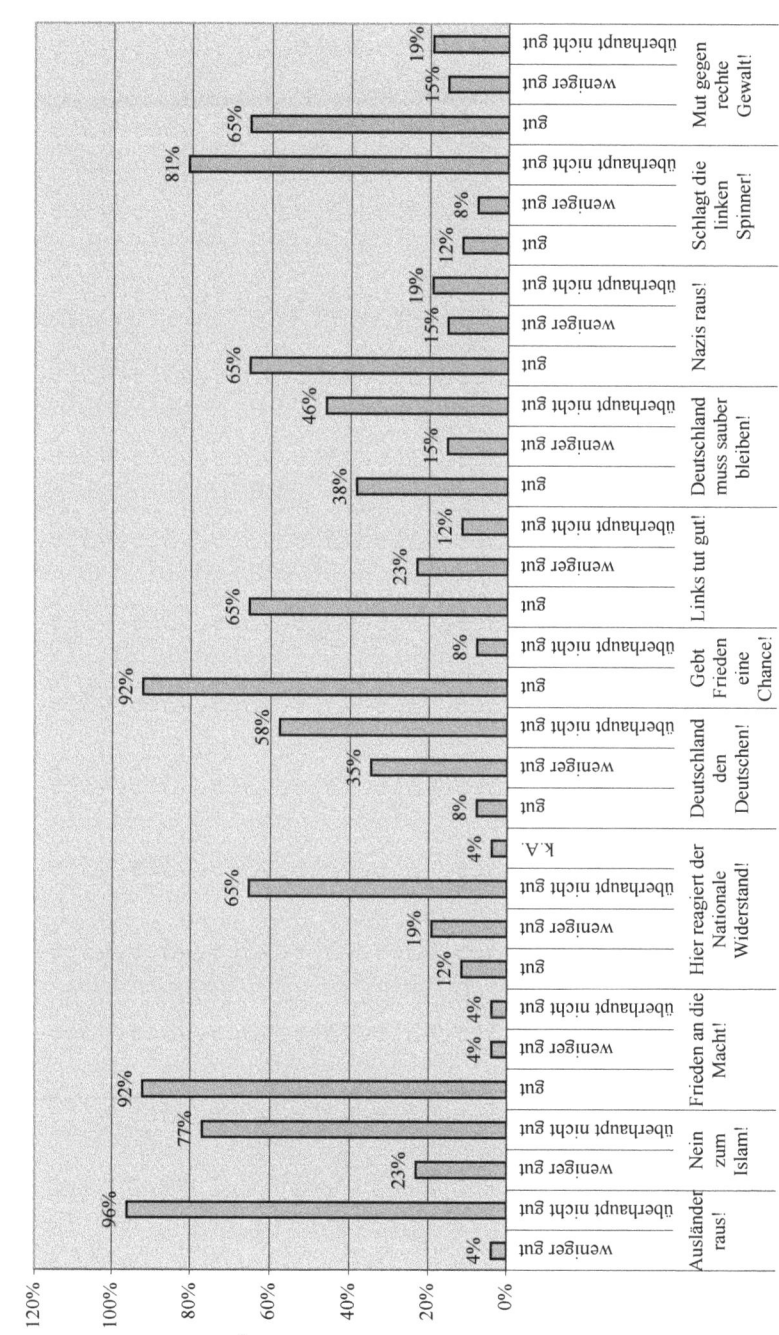

Einstellungen der Kinder
Angabe in Prozent

Anne-Kathrin Busè
SS 2007, Grundschulpädagogik, Modul: "Bachelorarbeit"

Diagramm 3: Gesamtausmaß für den Index "Fremdenfeindlichkeit"

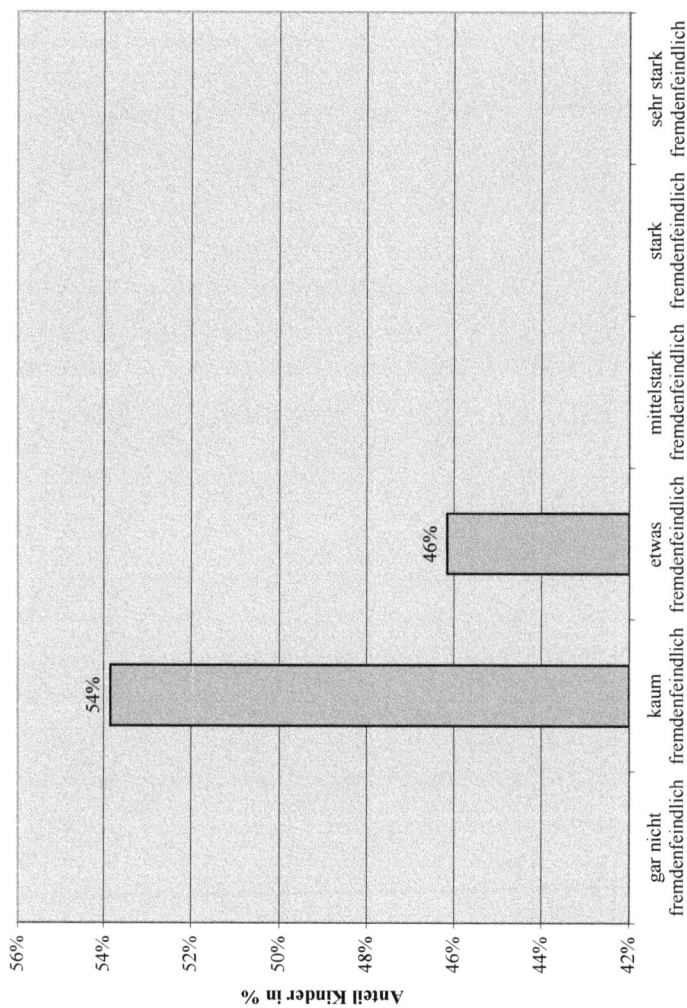

Anne-kathrin Busè
SS 2007, Grundschulpädagogik, Modul: "Bachelorarbeit"

Diagramm 4: Ausmaß "Fremdenfeindlichkeit" abhängig vom Geschlecht

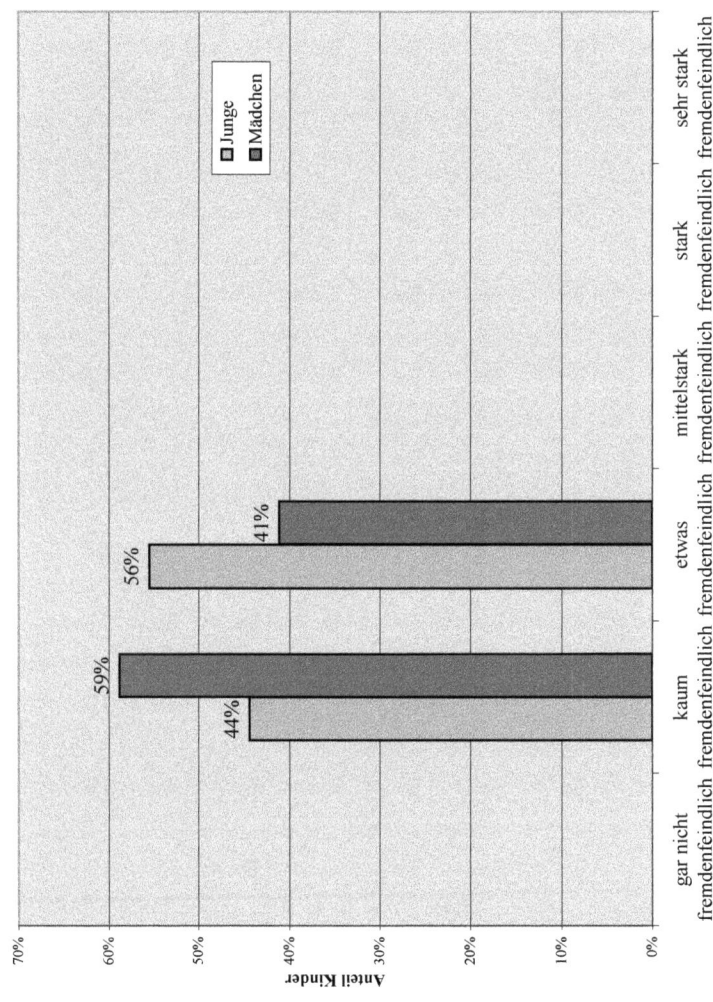

Anne-Kathrin Busè
SS 2007, Grundschulpädagogik, Modul: "Bachelorarbeit"

Diagramm 5: Ausmaß "Fremdenfeindlichkeit" abhängig vom Migrationshintergrund

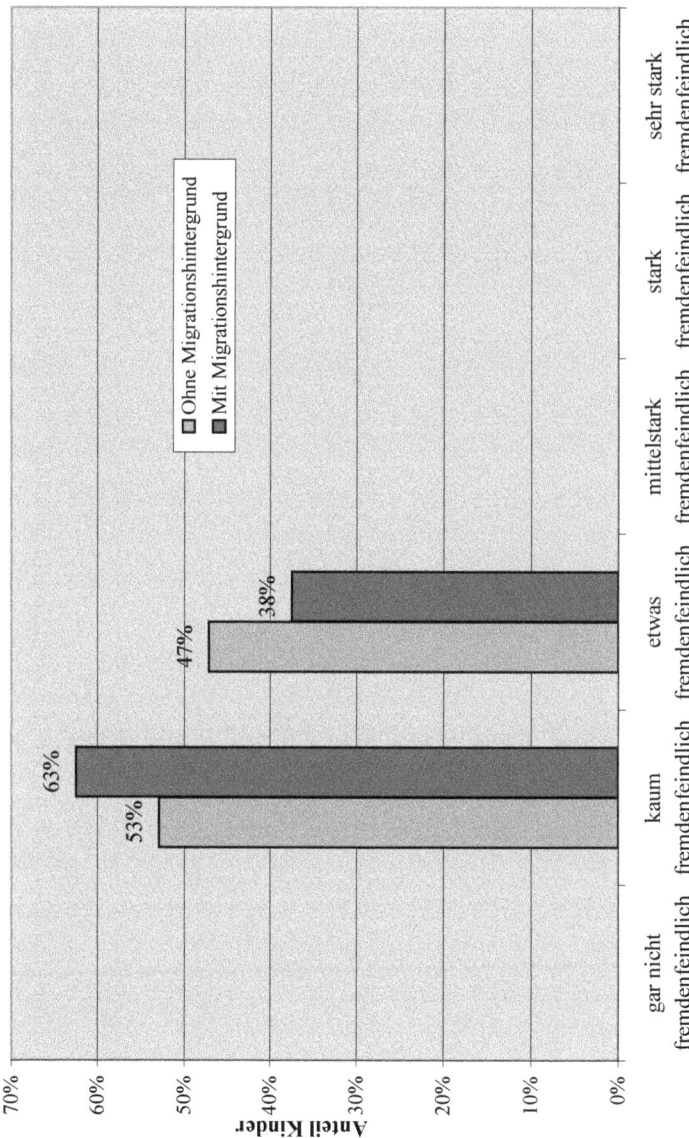

Anne-Kathrin Buse
SS 2007, Grundschulpädagogik, Modul: "Bachelorarbeit"

Diagramm 6: Ausmaß "Fremdenfeindlichkeit" abhängig von der Beschäftigungssituation der Eltern

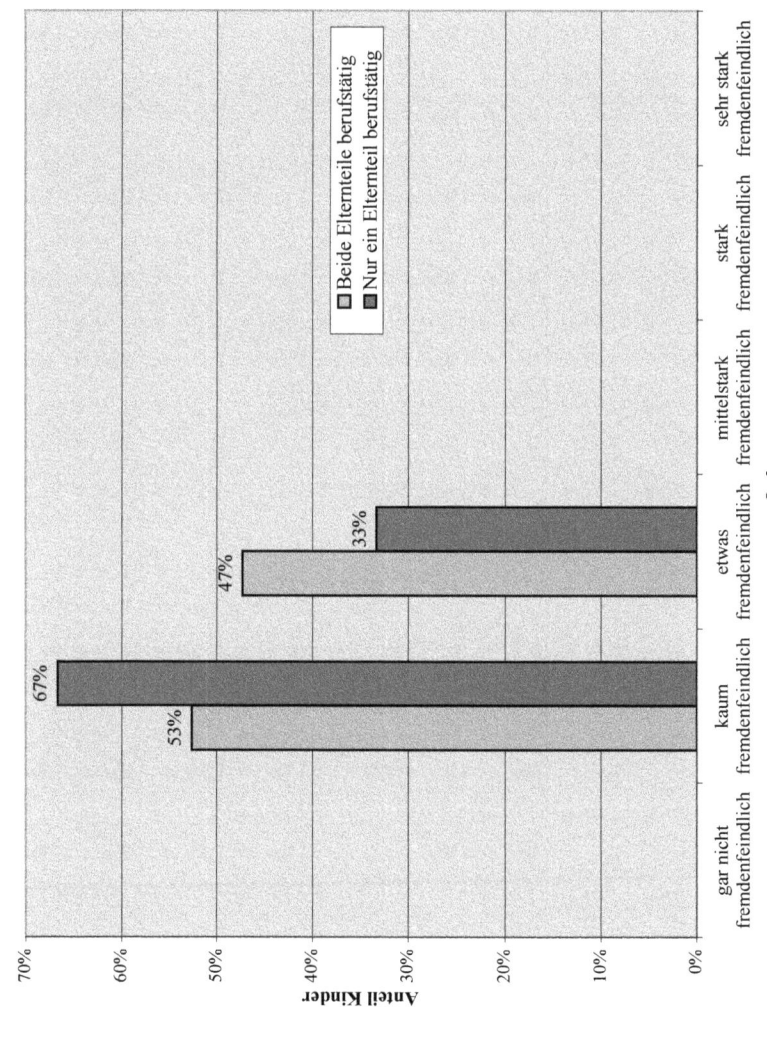

Anne-Kathrin Busé
SS 2007, Grundschulpädagogik, Modul: "Bachelorarbeit"

Diagramm 7: Ausmaß "Fremdenfeindlichkeit" abhängig von Freundschaften mit Ausländern

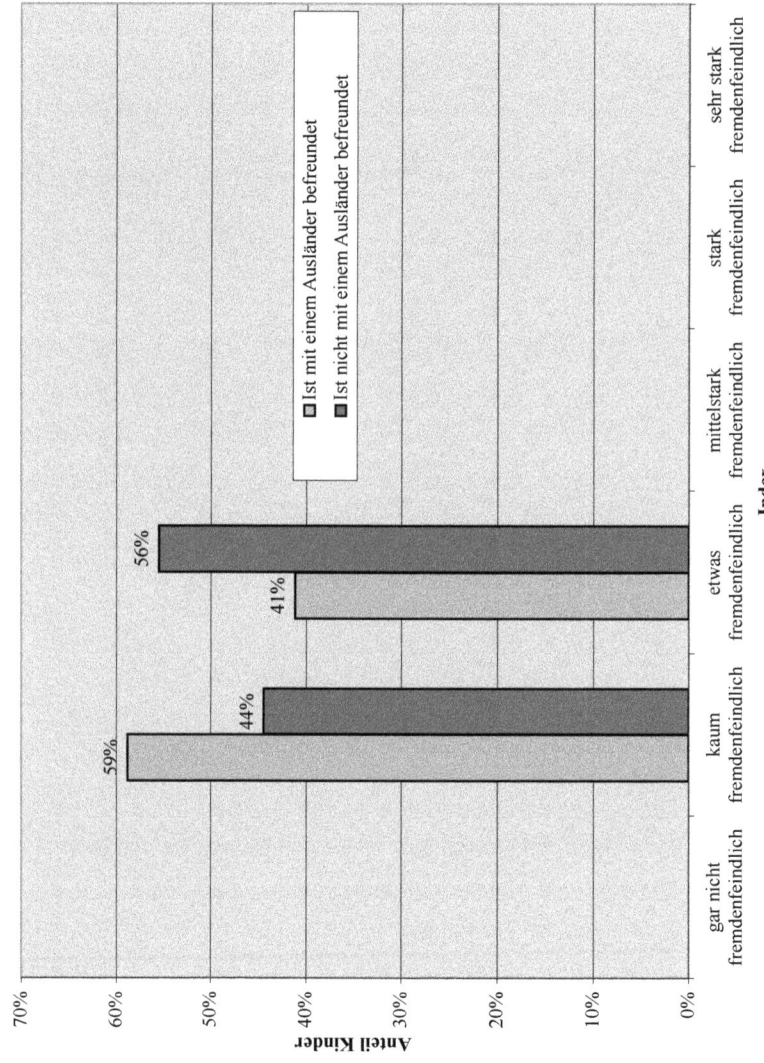

Anne-Kathrin Busé
SS 2007, Grundschulpädagogik, Modul: "Bachelorarbeit"

Tabelle 1: Gesamtüberblick über die Ergebnisse von Frage 7. (prozentuale Häufigkeitsverteilung)

Items zu Frage 7		Gesamt	Geschlecht		Migrationshintergrund		Berufstätigkeit der Eltern		Ausländer zum Freund	
			Junge	Mädchen	ohne	mit	beide	nur einer	Ja	Nein
1. Es ist nicht gut, viele Ausländer in Deutschland zu haben, weil sie oft unangenehm sind.	stimmt zum Teil	23%	11%	29%	24%	13%	17%	29%	18%	33%
	stimmt gar nicht	77%	89%	71%	76%	88%	83%	71%	82%	67%
2. Ausländer kommen nur nach Deutschland, um die Deutschen auszunutzen.	stimmt zum Teil	15%	11%	18%	18%	13%	11%	29%	18%	11%
	stimmt gar nicht	85%	89%	82%	82%	88%	89%	71%	82%	89%
3. Die Deutschen sind keine besseren Menschen als die hier lebenden Ausländer.	stimmt genau	58%	44%	65%	65%	50%	56%	71%	71%	33%
	stimmt zum Teil	23%	33%	18%	12%	38%	22%	14%	18%	22%
	stimmt gar nicht	19%	22%	18%	24%	13%	22%	14%	6%	44%
4. Menschen aus dem Ausland geht es in Deutschland viel schlechter als den Deutschen.	stimmt genau	4%	11%		6%		6%		6%	
	stimmt zum Teil	65%	78%	59%	82%	38%	67%	71%	59%	78%
	stimmt gar nicht	27%	11%	35%	6%	63%	22%	29%	29%	22%
	k.A.	4%		6%	6%		6%		6%	
5. Ausländer nehmen den Deutschen die Arbeitsplätze weg.	stimmt zum Teil	19%	22%	18%	24%	13%	17%	29%	18%	22%
	stimmt gar nicht	77%	78%	76%	71%	88%	78%	71%	76%	78%
	k.A.	4%		6%	6%		6%		6%	
6. Ausländische Menschen sollten nicht schlechter behandelt werden als Deutsche.	stimmt genau	73%	89%	65%	88%	50%	72%	86%	71%	78%
	stimmt zum Teil	12%	11%	12%	6%	25%	17%		12%	11%
	stimmt gar nicht	15%		24%	6%	25%	11%	14%	18%	11%
7. Ich finde es gut mit ausländischen Schülern in einer Klasse zu lernen.	stimmt genau	62%	44%	71%	53%	88%	56%	86%	76%	33%
	stimmt zum Teil	35%	56%	24%	41%	13%	39%	14%	24%	56%
	stimmt gar nicht	4%		6%	6%		6%			11%
8. Ausländer sollten nur eine kurze Zeit bei uns arbeiten und dann in ihre Heimat zurückkehren.	stimmt zum Teil	23%	22%	24%	24%	25%	33%		24%	22%
	stimmt gar nicht	77%	78%	76%	76%	75%	67%	100%	76%	78%
9. Ich gehe Menschen mit einer anderen Hautfarbe lieber aus dem Weg.	stimmt genau	4%	11%		6%			14%	6%	
	stimmt zum Teil	23%	11%	29%	24%	13%	22%	14%	18%	33%
	stimmt gar nicht	73%	78%	71%	71%	88%	78%	71%	76%	67%
10. Ausländer muss man aktiv verteidigen, wenn jemand sie bedroht oder beschimpft.	stimmt genau	62%	56%	65%	76%	25%	61%	57%	71%	44%
	stimmt zum Teil	35%	44%	29%	24%	63%	33%	43%	29%	44%
	stimmt gar nicht	4%		6%		13%	6%			11%
11. Menschen aus dem Ausland sind krimineller als Deutsche.	stimmt genau	4%		6%	6%		6%			11%
	stimmt zum Teil	31%	33%	29%	29%	25%	28%	43%	35%	22%
	stimmt gar nicht	65%	67%	65%	59%	75%	67%	57%	65%	67%
12. Menschen mit einer anderen Hautfarbe machen mir Angst.	stimmt zum Teil	23%	33%	18%	29%		22%	14%	18%	33%
	stimmt gar nicht	77%	67%	82%	71%	100%	78%	86%	82%	67%
13. Es ist gut mit ausländischen Kindern die Freizeit zu verbringen.	stimmt genau	31%	33%	29%	18%	50%	11%	71%	35%	22%
	stimmt zum Teil	54%	56%	53%	71%	25%	67%	29%	53%	56%
	stimmt gar nicht	15%	11%	18%	12%	25%	22%		12%	22%
14. Ausländischen Menschen kann man genauso vertrauen wie Deutschen.	stimmt genau	69%	44%	82%	71%	63%	72%	57%	76%	56%
	stimmt zum Teil	31%	56%	18%	29%	38%	28%	43%	24%	44%

Anne-Kathrin Busè
SS 2007, Grundschulpädagogik, Modul: "Bachelorarbeit"

Tabelle 2: Gesamtüberblick über die Ergebnisse von Frage 8. (prozentuale Häufigkeitsverteilung)

Items zu Frage 8		Gesamt	Geschlecht		Migrationshintergrund		Berufstätigkeit der Eltern		Ausländer zum Freund	
			Junge	Mädchen	ohne	mit	beide	nur einer	Ja	Nein
1. Ausländer raus!	weniger gut	4%		6%	6%			14%	6%	
	überhaupt nicht gut	96%	100%	94%	94%	100%	100%	86%	94%	100%
2. Nein zum Islam!	weniger gut	23%	33%	18%	29%	13%	22%	29%	29%	11%
	überhaupt nicht gut	77%	67%	82%	71%	88%	78%	71%	71%	89%
3. Frieden an die Macht!	gut	92%	78%	100%	94%	88%	94%	86%	100%	78%
	weniger gut	4%	11%			13%		14%		11%
	überhaupt nicht gut	4%	11%		6%		6%			11%
4. Hier reagiert der Nationale Widerstand!	gut	12%	11%	12%	12%	13%		43%	12%	11%
	weniger gut	19%	33%	12%	24%	13%	28%		12%	33%
	überhaupt nicht gut	65%	56%	71%	59%	75%	67%	57%	71%	56%
	k.A.	4%		6%	6%		6%		6%	
5. Deutschland den Deutschen!	gut	8%		12%	6%	13%	6%	14%	12%	
	weniger gut	35%	56%	24%	35%	38%	39%	29%	35%	33%
	überhaupt nicht gut	58%	44%	65%	59%	50%	56%	57%	53%	67%
6. Gebt Frieden eine Chance!	gut	92%	100%	88%	100%	75%	94%	86%	94%	89%
	überhaupt nicht gut	8%		12%		25%	6%	14%	6%	11%
7. Links tut gut!	gut	65%	89%	53%	59%	75%	72%	43%	59%	78%
	weniger gut	23%	11%	29%	29%	13%	17%	43%	29%	11%
	überhaupt nicht gut	12%	22%	18%	12%	13%	11%	14%	12%	11%
8. Deutschland muss sauber bleiben!	gut	38%	56%	29%	41%	25%	22%	71%	24%	67%
	weniger gut	15%	11%	18%	12%	25%	22%		24%	
	überhaupt nicht gut	46%	33%	53%	47%	50%	56%	29%	53%	33%
9. Nazis raus!	gut	65%	78%	59%	71%	63%	67%	71%	53%	89%
	weniger gut	15%		24%	6%	25%	17%	29%	24%	
	überhaupt nicht gut	19%	22%	18%	24%	13%	17%		24%	11%
10. Schlagt die linken Spinner!	gut	12%		18%	6%	13%	6%	29%	18%	
	weniger gut	19%	22%	18%	24%	13%	17%	29%	24%	11%
	überhaupt nicht gut	69%	78%	65%	71%	75%	78%	43%	59%	89%
11. Mut gegen rechte Gewalt!	gut	81%	78%	71%	82%	50%	89%	57%	76%	89%
	weniger gut	6%	11%	12%	6%	13%	6%	14%	6%	
	überhaupt nicht gut	12%	11%	18%	12%	38%	6%	29%	18%	11%

Anne-Kathrin Busè
SS 2007, Grundschulpädagogik, Modul: "Bachelorarbeit"

Tabelle 3: Gesamtverteilung für den Index "Fremdenfeindlichkeit" (in Prozent)

Index "Fremdenfeindlichkeit"	Gesamt	Geschlecht		Migrationshintergrund		Berufstätigkeit der Eltern		Ausländer als Freund	
		Junge	Mädchen	ohne	mit	beide	nur einer	Ja	Nein
0 gar nicht fremdenfeindlich									
1 kaum fremdenfeindlich	54%	44%	59%	53%	63%	53%	67%	59%	44%
2 etwas fremdenfeindlich	46%	56%	41%	47%	38%	47%	33%	41%	56%
3 mittelstark fremdenfeindlich									
4 stark fremdenfeindlich									
5 sehr stark fremdenfeindlich									

Anne-Kathrin Busè
SS 2007, Grundschulpädagogik, Modul: "Bachelorarbeit"

Zusatztabelle I: Gesamtüberblick über die Ergebnisse von Frage 7. (absolute Häufigkeitsverteilung)

Items zu Frage 7		Gesamt	Geschlecht		Migrationshintergrund		Berufstätigkeit der Eltern		Ausländer zum Freund	
			Junge	Mädchen	ohne	mit	beide	nur einer	Ja	Nein
1. Es ist nicht gut, viele Ausländer in Deutschland zu haben, weil sie oft unangenehm sind.	stimmt zum Teil	6	1	5	4	1	3	2	3	3
	stimmt gar nicht	20	8	12	13	7	15	5	14	6
2. Ausländer kommen nur nach Deutschland, um die Deutschen auszunutzen.	stimmt zum Teil	4	1	3	3	1	2	2	3	1
	stimmt gar nicht	22	8	14	14	7	16	5	14	8
3. Die Deutschen sind keine besseren Menschen als die hier lebenden Ausländer.	stimmt genau	15	4	11	11	4	10	5	12	3
	stimmt zum Teil	6	3	3	2	3	4	1	3	2
	stimmt gar nicht	5	2	3	4	1	4	1	1	4
4. Menschen aus dem Ausland geht es in Deutschland viel schlechter als den Deutschen.	stimmt genau	1	1		1		1		1	
	stimmt zum Teil	17	7	10	14	3	12	5	10	7
	stimmt gar nicht	7	1	6	2	5	4	2	5	2
	k.A.	1		1	1		1		1	
5. Ausländer nehmen den Deutschen die Arbeitsplätze weg.	stimmt zum Teil	5	2	3	4	1	3	2	3	2
	stimmt gar nicht	20	7	13	12	7	14	5	13	7
	k.A.	1		1	1		1		1	
6. Ausländische Menschen sollten nicht schlechter behandelt werden als Deutsche.	stimmt genau	19	8	11	15	4	13	6	12	7
	stimmt zum Teil	3	1	2	1	2	3		2	1
	stimmt gar nicht	4		4	2	2	2	1	3	1
7. Ich finde es gut mit ausländischen Schülern in einer Klasse zu lernen.	stimmt genau	16	4	12	9	7	10	6	13	3
	stimmt zum Teil	9	5	4	7	1	7	1	4	5
	stimmt gar nicht	1		1	1		1			1
8. Ausländer sollten nur eine kurze Zeit bei uns arbeiten und dann in ihre Heimat zurückkehren.	stimmt zum Teil	6	2	4	4	2	6		4	2
	stimmt gar nicht	20	7	13	13	6	12	7	13	7
9. Ich gehe Menschen mit einer anderen Hautfarbe lieber aus dem Weg.	stimmt genau	1		1		1	1		1	
	stimmt zum Teil	6	1	5	5	1	4	1	3	3
	stimmt gar nicht	19	8	11	13	6	12	7	13	6
10. Ausländer muss man aktiv verteidigen, wenn jemand sie bedroht oder beschimpft.	stimmt genau	16	5	11	13	2	11	4	12	4
	stimmt zum Teil	9	4	5	4	5	6	3	5	4
	stimmt gar nicht	1		1	1		1		1	
11. Menschen aus dem Ausland sind krimineller als Deutsche.	stimmt genau	1		1	1		1			1
	stimmt zum Teil	8	3	5	5	2	5	3	6	2
	stimmt gar nicht	17	6	11	10	6	12	4	11	6
12. Menschen mit einer anderen Hautfarbe machen mir Angst.	stimmt zum Teil	6	3	3	5		4	1	3	3
	stimmt gar nicht	20	6	14	12	8	14	6	14	6
13. Es ist gut mit ausländischen Kindern die Freizeit zu verbringen.	stimmt genau	8	3	5	3	4	2	5	6	2
	stimmt zum Teil	14	5	9	12	2	12	2	9	5
	stimmt gar nicht	4	1	3	2	2	4		2	2
14. Ausländischen Menschen kann man genauso vertrauen wie Deutschen.	stimmt genau	18	4	14	12	5	13	4	13	5
	stimmt zum Teil	8	5	3	5	3	5	3	4	4

SS 2007, Grundschulpädagogik, Modul: "Bachelorarbeit"
Anne-Kathrin Buse

Zusatztabelle II: Gesamtüberblick über die Ergebnisse von Frage 8. (absolute Häufigkeitsverteilung)

Items zu Frage 8		Gesamt	Geschlecht		Migrationshintergrund		Berufstätigkeit der Eltern		Ausländer zum Freund	
			Junge	Mädchen	ohne	mit	beide	nur einer	Ja	Nein
1. Ausländer raus!	weniger gut	1		1	1			1		1
	überhaupt nicht gut	25	9	16	16	8	18	6	16	9
2. Nein zum Islam!	weniger gut	6	3	3	5	1	4	2	5	1
	überhaupt nicht gut	20	6	14	12	7	14	5	12	8
3. Frieden an die Macht!	gut	24	7	17	16	7	17	6	17	7
	weniger gut	1	1			1	1			1
	überhaupt nicht gut	1		1	1			1		1
4. Hier reagiert der Nationale Widerstand!	gut	3	1	2	2	1	1		1	2
	weniger gut	5	3	2	4	1	5		2	3
	überhaupt nicht gut	17	5	12	10	6	12	4	12	3
	k.A.	1		1	1		1		1	
5. Deutschland den Deutschen!	gut	2		2	1	1	1	1	2	
	weniger gut	9	5	4	6	3	7	2	6	3
	überhaupt nicht gut	15	4	11	10	4	10	4	9	6
6. Gebt Frieden eine Chance!	gut	24	9	15	17	6	17	6	16	8
	überhaupt nicht gut	2		2		2	1	1	1	1
7. Links tut gut!	gut	17	8	9	10	6	13	3	10	7
	weniger gut	6	1	5	5	1	3	3	5	1
	überhaupt nicht gut	3	2	3	2	1	2	1	2	1
8. Deutschland muss sauber bleiben!	gut	10	5	5	7	2	4	5	4	6
	weniger gut	4	1	3	3	2	4		4	
	überhaupt nicht gut	12	3	9	8	4	10	2	9	3
9. Nazis raus!	gut	17	7	10	12	5	12	5	9	8
	weniger gut	4		4	1	2	3		4	
	überhaupt nicht gut	5	2	3	4	1	3	2	4	1
10. Schlagt die linken Spinner!	gut	3		3	2	1	1	2	3	
	weniger gut	2		2	1	1	1	1	3	1
	überhaupt nicht gut	21	9	12	14	6	16	4	13	8
11. Mut gegen rechte Gewalt!	gut	17	7	10	12	4	12	4	12	5
	weniger gut	4	1	3	3	1	3		1	3
	überhaupt nicht gut	5	1	4	2	3	3	2	4	1

Anne-Kathrin Busé
SS 2007, Grundschulpädagogik, Modul: "Bachelorarbeit"

Zusatztabelle III: Gesamtverteilung für den Index "Fremdenfeindlichkeit" (absolut)

Index "Fremdenfeindlichkeit"	Gesamt	Geschlecht		Migrationshintergrund		Berufstätigkeit der Eltern		Ausländer als Freund	
		Junge	Mädchen	ohne	mit	beide	nur einer	Ja	Nein
0 gar nicht fremdenfeindlich									
1 kaum fremdenfeindlich	14	4	10	9	5	10	4	10	4
2 etwas fremdenfeindlich	12	5	7	8	3	9	2	7	5
3 mittelstark fremdenfeindlich									
4 stark fremdenfeindlich									
5 sehr stark fremdenfeindlich									

Anne-Kathrin Buse
SS 2007, Grundschulpädagogik, Modul: "Bachelorarbeit"

Fragebogen

? ? ? ? ? ? ? ? ? ? ? ? ? ? ? ?

Liebe Schülerin, lieber Schüler!

Ich studiere an der Humboldt-Universität zu Berlin und beschäftige mich mit der Frage, wie Kinder heute leben und was sie so denken. Um das herauszubekommen, bitte ich Dich, diesen Fragebogen auszufüllen. Die Teilnahme an dieser Befragung ist natürlich freiwillig und anonym. Das heißt, Deine Antworten werden nicht Deinen Eltern oder Deinen Lehrern oder der Schulleitung gezeigt und Du musst Deinen Namen nicht angeben.

Beim Ausfüllen des Fragebogens beachte bitte folgendes:

→ Bei den meisten Fragen sind Antwortmöglichkeiten genannt. Wähle diejenige aus, die für Dich zutrifft und mache dann in das entsprechende Kästchen ein Kreuz.

→ Bei den anderen Fragen sollst Du die Antwort kurz aufschreiben. Dazu sind Linien angegeben.

→ Wenn Du eine Frage nicht verstehst, dann kannst Du mich gerne Fragen.

Viel Freude beim Ausfüllen und vielen Dank!

Anne-Kathrin Busè

Zunächst einige Fragen zu Dir und Deiner Familie:

1. **Ich bin ein** ☐ Junge
☐ Mädchen

2. **In welchem Berliner Bezirk wohnst Du?**

_____

3. **In welchem Land sind Deine Eltern geboren?**

Meine Mutter ist in _____ geboren.

Mein Vater ist in _____ geboren.

4. **Was arbeiten Deine Eltern?**

Meine Mutter ist _____

Mein Vater ist _____

Nun einige Fragen zum Leben in Berlin:

5. **In Berlin leben viele Menschen aus anderen Ländern. Kennst Du solche Menschen:**

☐ Ja ☐ Nein

Wenn Du mit „Ja" geantwortet hast, woher kennst Du sie?

_____

_____

_____

6. **Bist Du mit einem Menschen aus einem anderen Land befreundet?**

☐ Ja ☐ Nein

Wenn Du mit „Ja" geantwortet hast, dann beschreibe Deinen Freund (oder Deine Freundin) doch etwas näher. Mich interessiert zum Beispiel, aus welchem Land er kommt, wo er jetzt wohnt und wie Du ihn kennen gelernt hast.

_____

_____

_____

Jetzt noch einige Fragen zu dem, was Du denkst:

7. **In der folgenden Tabelle habe ich einige Aussagen zusammengestellt, die man im Alltag manchmal hört. Darüber kann man unterschiedlicher Meinung sein.**

Mich interessiert Deine Meinung. Bitte lies jede Aussage genau und bewerte dann jede einzeln. Mach dafür ein Kreuz in das für Dich richtige Kästchen.

	Ich finde, das...		
	...stimmt genau	...stimmt zum Teil	...stimmt gar nicht
Es ist nicht gut, viele Ausländer in Deutschland zu haben, weil sie oft unangenehm sind.	☐	☐	☐
Ausländer kommen nur nach Deutschland, um die Deutschen auszunutzen.	☐	☐	☐
Die Deutschen sind keine besseren Menschen als die hier lebenden Ausländer.	☐	☐	☐
Menschen aus dem Ausland geht es in Deutschland viel schlechter als den Deutschen.	☐	☐	☐
Ausländer nehmen den Deutschen die Arbeitsplätze weg.	☐	☐	☐
Ausländische Menschen sollten nicht schlechter behandelt werden als Deutsche.	☐	☐	☐
Ich finde es gut mit ausländischen Schülern in einer Klasse zu lernen.	☐	☐	☐
Ausländer sollten nur eine kurze Zeit bei uns arbeiten und dann in ihre Heimat zurückkehren.	☐	☐	☐
Ich gehe Menschen mit einer anderen Hautfarbe lieber aus dem Weg.	☐	☐	☐

	Ich finde, das...		
	...stimmt genau	...stimmt zum Teil	...stimmt gar nicht
Ausländer muss man aktiv verteidigen, wenn jemand sie bedroht oder beschimpft.	☐	☐	☐
Menschen aus dem Ausland sind krimineller als Deutsche.	☐	☐	☐
Menschen mit einer anderen Hautfarbe machen mir Angst.	☐	☐	☐
Es ist gut mit ausländischen Kindern die Freizeit zu verbringen.	☐	☐	☐
Ausländischen Menschen kann man genauso vertrauen wie Deutschen.	☐	☐	☐

8. **Auf Häuserwänden und Mauern sind häufig Sprüche zu lesen. In der folgenden Tabelle habe ich einige dieser Sprüche zusammengestellt.**

Ich möchte nun von Dir wissen, wie Du die einzelnen Sprüche findest. Mache auch hier wieder ein Kreuz in das für Dich richtige Kästchen.

	Den Spruch finde ich...		
	...gut	...weniger gut.	...überhaupt nicht gut.
Ausländer raus!	☐	☐	☐
Nein zum Islam!	☐	☐	☐
Frieden an die Macht!	☐	☐	☐
Hier reagiert der Nationale Widerstand!	☐	☐	☐
Deutschland den Deutschen!	☐	☐	☐
Gebt Frieden eine Chance!	☐	☐	☐
Links tut gut!	☐	☐	☐
Deutschland muss sauber bleiben!	☐	☐	☐
Nazis raus!	☐	☐	☐
Schlagt die linken Spinner!	☐	☐	☐
Mut gegen rechte Gewalt!	☐	☐	☐